9条の挑戦

非軍事中立戦略のリアリズム

伊藤真＋神原元＋布施祐仁

大月書店

はじめに——非軍事中立への挑戦

アジア太平洋戦争に敗れた日本は、終戦翌年の1946年、国際紛争を解決する手段としての武力の行使や威嚇を永久に放棄し、「陸海空軍その他の戦力は、これを保持しない」と明記した新憲法を制定しました。

家族や大切な人を戦争で失い、家を空襲で焼かれ、食糧のないひもじい生活を強いられてきた多くの国民は、これを熱烈に歓迎しました。「これで、もう二度と戦争をしなくてすむ」と喜び、安心したのです。

それから70年余。今や、日本は世界で10本の指に入る「軍事大国」になっています。戦争を知る世代が少なくなるにつれ、憲法9条の縛りは徐々に緩められ、自衛隊の任務は拡大の一途をたどってきました。

さらに、安倍晋三首相は現在、憲法9条を改正して自衛隊の存在を書き込み、空母の導入や恒久的な海外基地の保有など、その軍事力を飛躍的に増強しようとしています。

今、私たちは、戦後もっとも重大な岐路に立たされていると言ってもよいでしょう。

＊　＊

この本は、安倍政権が進めようとしている「9条改憲」への、私たち3人（伊藤真、神原元、布施）が考えた対案です。私たちは、憲法に軍事力による安全保障を明記する「9条改憲」に対して、軍事力に頼らず、どこの国とも軍事同盟を結ばない「非軍事中立」の安全保障戦略を大胆に提示します。

なぜ今、非軍事中立なのか――。

かつて、護憲派の主張の主流が非軍事中立論だった時代もありましたが、最近は、「集団的自衛権行使は反対。自衛隊は専守防衛に徹するべき」という主張が主流になっています。いつの間にか非軍事中立論ははるか後景に押しやられ、今や、自衛隊や日米安保条約の存在そのものの是非を問う議論は、ほとんど行われなくなってしまったかのように見えます。

この状況に、「ちょっと待った！」と言いたい――これが、私たち3人がこの本を作ろうとした動機です。

こんなことを言うと、改憲派だけでなく、護憲派からも「何を馬鹿なことを言っているのだ」と批判されるかもしれません。もちろん、私たちも、今すぐに非軍事中立の安全保障が実現できるとは考えていません。多くの野党や護憲派市民運動が主張しているように、まずは安倍政権による9条改憲を阻止し、その次に集団的自衛権行使を容認した2015年の安保法制を廃止するという目標設定にも異論はありません。

他方、こうした「政治論」「運動論」とはいったん離れて、何が日本の安全保障戦略として最も現実的かと考えてみれば、非軍事中立戦略はおおいに検討に値するものです。日本を取り巻く安全保障環境は刻々と変化しており、安倍政権はそれを口実にして9条改憲や軍備増強を進めようとしているわけですが、それに対して私たちは、「非軍事中立戦略こそが、安全保障環境の変化に対応した最も現実的な道である」と堂々と主張したいと思います。

＊　＊

私自身もかつては、非軍事中立など現実離れした理想主義だと思っていました。生まれた時（1976年）から、自衛隊も日米安保条約も当たり前のように存在し、何となくこれらが日本を守ってくれていると思っていたからです。

しかし、大人になって安全保障について勉強すればするほど、軍事力もけっして万能ではないことが見えてきました。そして、自衛隊と米軍の軍事力で日本を防衛するという体制を永久不変のものとして続けていくよりも、軍事力に頼らない非軍事中立の安全保障を目指すほうが、日本にとって合理的な選択だと考えるようになりました。

「非軍事中立」を目指そうと主張することは、現在の自衛隊や日米安保をただちに否定することを意味しません。大事なのは、自衛隊と日米安保に安全保障をゆだねている現実を、非軍事中立という目標に一歩一歩近づけていくための方法と道筋を具体的に考えることです。

本書の共同執筆者の3人（伊藤真、神原元、布施）は、非軍事中立の安全保障を目指すべきだという考えでは一致していますが、そこに至るプロセスや現在の自衛隊や日米安保に対する考えでは、必ずしも一致していません。

非軍事中立の日本が実現するとしても、それには相当程度の時間を要するでしょうから、この構想を豊かに練り上げる時間はたっぷりとあります。この本が一つの「たたき台」となって、活発な議論が行われることを期待します。

本書は、非軍事中立という考え方をそもそも知らない、聞いたこともないという若い世代を念頭において書かれています。憲法改正が政治の具体的スケジュールに上るなか、全国で「どうやって国を守るか」が激しく議論されるでしょう。その際、非軍事中立という考え方を選択肢の一つに加えていただければ、私たちにとってこれほどの幸せはありません。

憲法9条はこれまでも、自衛隊の海外での戦争参加を止めるストッパーとして、現実に力を発揮してきました。しかし、非軍事中立をめざす憲法9条の挑戦は、これからが、いよいよ本番です。

２０１８年10月

布施 祐仁

※本書での論考および発言は、それぞれ個人の見解であって、所属組織を代表するものではありません。

もくじ

第3章　日米同盟と「専守防衛」のひずみ　布施祐仁

第4章　等身大の安全保障論　伊藤 真・神原 元・布施祐仁

第1章

憲法9条の防衛戦略

伊藤 真

1　はじめに

自民党憲法改正推進本部が、憲法改正の条文案を提示し始めています。そのうち、自衛隊の憲法明記に関する具体的な条文案は、党内に異論を残すものの、戦争の放棄、戦力の不保持・交戦権の否認を定めた9条はそのままにし、9条の2として、次の条文を加える案が有力です（以下、自民党案と略）。

第9条の2
（第1項）前条の規定は、我が国の平和と独立を守り、国及び国民の安全を保つために必要な自衛の措置をとることを妨げず、そのための実力組織として、法律の定めるところにより、内閣の首長たる内閣総理大臣を最高の指揮監督者とする自衛隊を保持する。
（第2項）自衛隊の行動は、法律の定めるところにより、国会の承認その他の統制に服する。

形式として、9条3項ではなく、9条の2という新たな条文を追加する方法をとるのは、「現行の

9条には一切手を付けていません。安心してください。何も変わりませんから」と言いやすくするためでしょう。しかし、何も変わらないどころか、自民党案はこの国のかたちを根本的に変えていく可能性が高いことは、本章第4節で触れます。

さて、安倍首相によるこのような9条改憲を食い止めるためには、これに反対する勢力を拡大していく必要があります。そのためには、自衛隊を違憲とする旧来の護憲派にとどまらない幅広い層の共闘が必要です。

たとえば、2015年9月に成立した安保法制に対する反対運動は、とりわけ集団的自衛権の行使容認に反対することを中心として展開されました。そこには、旧来の護憲派はもちろん、自衛隊自体の存在を容認しつつも、その海外派兵には反対する立場がありました。自衛隊のイラク派兵以降に台頭してきた立場です。さらに、SEALDs（シールズ）などの若い世代が加わりました。この若い世代は、かつて国論を二分した自衛隊の合憲性自体にはコミットせず、ただ集団的自衛権の行使に反対する立場で運動に参加した人も少なくありません。

安倍改憲に反対する新しい立場も登場しています。たとえば「改憲的護憲論」は、9条の文面の不都合さを認め、改憲論に共感しつつ、結論として今の文面で行くことを選択する立場です。憲法の文面を変えない点で「護憲」ですが、自衛隊自体は合憲とする点で「改憲的」立場と言えます。他方で、現行憲法の理念を生かすために、時代に合わせた改憲を認める立場は「護憲的改憲論」と呼ばれます。立憲主義を実現するために、自衛隊を憲法に明記したうえで、その任務を個別的自衛権の行使のみに限定すべきとする立憲的改憲論はその一つです。

安倍改憲の阻止に向けて共闘する可能性がある立場は、このように様々です。そして、改憲発議をさせないためには、このような様々な立場でも共闘を追求していかなければなりません。

ただ、その出発点として、自衛隊の合憲性を含めて、平和主義に関する憲法9条本来の趣旨はどうであったのかという点について、共闘可能性のある立場のそれぞれが共通認識をもつことは不可欠です。自衛隊の合憲性にコミットしていない若い世代はもちろん、専守防衛・個別的自衛権の行使に限定して自衛隊の存在を認める立場、自衛隊自体は合憲であるとする立場等々が、「憲法本来の趣旨」に照らしてどういう立ち位置にいるのかを知ることは、共闘の出発点です。

本章では、憲法9条の国防論として、安全保障政策論と憲法解釈論を総論的に述べていきます。前者について、現代における安全保障論は、外交、経済、環境、人権など広範に及びますが、ここでは軍事力、特に軍隊の要否に絞り、専門家よりもどちらかといえば市民目線で論じます（第2節）。また後者については、憲法9条が定めている本来の規範とその背景にある制定の位置づけを扱います（第3節）。このような憲法解釈論が、望まれる安全保障論に応えられないときに、初めて憲法改正が必要になります。

私は政策論として非軍事中立戦略を提案し、憲法解釈論として自衛隊を違憲と考えるので、憲法改正は不要との立場をとります。この立場から見て、自衛隊を憲法に明記する改憲論への様々な弊害についても、最後に問題提起をしておきたいと思います（第4節）。

2　軍隊を持つのか持たないのか——安全保障政策を検証する

　ここでは、憲法解釈をいったんおき、まず軍隊を持つべきか、持ったとして軍隊は何をなすべきかについて考えてみます。細かく見れば様々な立場があり得ますが、安倍改憲との関連で、ここでは以下の3つの立場に単純化します。

①非軍事中立の立場……軍隊を持たずに中立性を保つべきだとする立場
②専守防衛の立場…………軍隊を持つべきだが、行使できるのは個別的自衛権に限る立場
③自民党改憲案の立場……軍隊を持つべきであり、個別的・集団的いずれの自衛権も行使できるとする立場

　ちなみに、2014年7月の閣議決定までの政府は、②の専守防衛の立場でした。

　ここに「専守防衛」とは、「防衛白書」によれば、「相手から武力攻撃を受けたときにはじめて防衛力を行使し、その態様も自衛のための必要最小限にとどめ、また、保持する防衛力も自衛のため

の必要最小限のものに限るなど、憲法の精神に則った受動的な防衛戦略の姿勢」を言います（平成30年〔2018年〕「防衛白書」第Ⅱ部第1章第2節3）。

なお、政府は2014年7月の閣議決定で「限定された」集団的自衛権の行使を認め、それは2015年9月の安保法制で法制化されました。政府・与党は「限定された」と言いますが、自衛隊法76条1項2号等で示される実力行使の要件は明白な歯止めを提供するものではなく、「フルスペック」の集団的自衛権を認めるのと大差はありません。したがって、現在の政府は紛れもなく③の立場になります。

②③はいずれも軍隊を持つべきとする立場ですが、必要という意見には様々なものがあります。代表的な必要論を順次検討していき、最後に非軍事中立戦略の安全保障政策としての合理性を考えてみることにします。

（1）「国民の生命や財産を守るためには、軍隊が必要だ」

日本人の大多数は、戦争がよくないことだと考えているように見えます。それならば、9条の改憲には大多数が反対しそうですが、戦争と9条改憲とは別であり、「9条を変えて、軍隊を持つことは必要だ」という意見も少なくありません。代表的なその一つは、「外国が攻めてきたときに、私たちの生命と財産を守ってくれるのは、軍隊しかいない。そのためには軍隊が必要だ」という意見です。

はたして軍隊は、外国が攻めてきたときに、国民の生命と財産を守ることを目的として行動してくれるのでしょうか。

歴史小説家の司馬遼太郎は、昭和20（1945）年当時、関東平野を守るべく栃木県佐野の戦車第1連隊に所属していました。そこで大本営から来た少佐参謀の言葉に驚愕します。

「連隊のある将校が、この人に質問した。

『われわれの連隊は、敵が上陸すると同時に南下して敵を水際で撃滅する任務をもっているが、しかし、敵上陸とともに、東京都の避難民が荷車に家財を積んで北上してくるであろうから、当然、街道の交通混雑が予想される。こういう場合、わが八十輛の中戦車は、戦場到着までに立ち往生してしまう。どうすればよいか』

高級な戦術論ではなく、ごく常識的な質問である。だから大本営少佐参謀も、ごくあたりまえな表情で答えた。

『轢《ひ》き殺してゆく』」

（『歴史の中の日本』中公文庫、1994年、311～312ページ）

こうした体験から、司馬遼太郎は別の随筆では次のように論評しています。

「戦争遂行という至上目的もしくは至高思想が前面に出てくると、むしろ日本人を殺すということが論理的に正しくなるのである。（中略）沖縄戦において県民が軍隊に虐殺されたというのも、よくいわれているようにあれが沖縄における特殊状況だったとどうにもおもえないのである。」

（『歴史と視点――私の雑記帖』新潮文庫、１９８０年、90ページ）

司馬は軍隊についてこうまとめています。

「軍隊というものは本来、つまり本質としても機能としても、自国の住民を守るものではない、ということである。（中略）軍隊が守ろうとするのは抽象的な国家もしくはキリスト教のためといったより崇高なものであって、具体的な国民ではない。」

（『街道をゆく6　沖縄・先島への道』朝日文庫、２００８年、41ページ）

軍隊における優秀な指揮官とは、目の前の住民を捨てても、命令に従って行動できる者のことです。感情に流されて、部隊を危機にさらすことは戦争のプロのやることではありません。太平洋戦争中の沖縄戦では、足手まといになるとか食糧不足の要因になるとかいう理由で、日本軍が住民を殺害したという説もあります。野戦病院にも民間人は入れてもらえませんでした。このことは戦後も現在も変わることはありません。１９７７年に米軍戦闘機が横浜の住宅地に墜落し、幼児ら市民9人が死傷した事故でも、自衛隊が救出したのは米軍乗務員だけでした。被害者の救出や被害状況の調査よりも、周辺の人たちを事故現場から閉め出すことが優先されたのです。

自衛官出身の軍事専門家・潮匡人《うしおまさと》さんは「軍隊は何を守るのかと言い換えるなら、その答えは国民の生命・財産ではありません。それらを守るのは警察や消防の仕事であって、軍隊の『本来任務』ではないのです」とはっきり指摘しています（『常識としての軍事学』中公新書ラクレ、2005年、188ページ）。また、元統幕議長の栗栖弘臣《くりすひろおみ》さんも同様に「国民の生命、身体、財産を守るのは警察の使命（警察法）であって、武装集団たる自衛隊の任務ではない。自衛隊は『国の独立と平和を守る』（自衛隊法）のである」と言います（『日本国防軍を創設せよ』小学館文庫、2000年、78ページ）。

こうした軍事専門家の発言は現実をふまえた道理であり、虚偽を並べ立てる政治家よりもよほど信頼できるものと考えます。軍事専門家の言うところの「軍事の常識」とは、軍隊が守るべきものは「我が国の平和と独立」、すなわち国土防衛であり、外国が攻めてきたときに、私たち住民、国民を軍隊が守ってくれるものではないのです。このことは肝に銘じておくべきことでしょう。

外国が攻めてきたときに、私たちの生命や財産を守ってもらうために軍隊が必要だという議論は、そもそも前提において「軍事の常識」から外れているものなのです。

(2)「近隣諸国の軍事力増強に現実的に対応するためには軍隊が必要だ」

中国が軍事費を増強し、尖閣諸島周辺の日本の領海に侵入したり、また北朝鮮が核実験を成功させたりというニュースが入ってくると、日本も軍隊を持って現実的に対応しないと危ない、という議論に発展しがちです。

日本の近隣国が日本に攻めてくる可能性はゼロではないでしょう。しかし、蓋然性《がいぜんせい》は高いのでしょうか。可能性と蓋然性の区別は政策の優先順位をつける上で重要です。

■近隣諸国との武力衝突の歴史

まず、日本と近隣諸国との歴史的な事実を確認しておきましょう。

近代史において、中国や朝鮮が日本を侵略しようとした事実はありません。逆に、日本は豊臣秀吉の朝鮮出兵のあとはしばらく静かにしていましたが、明治政府になってからは、1874年の台湾出兵、1875年の江華島事件、1894年の日清戦争、1895年の台湾植民地戦争、1900年の義和団鎮圧戦争、1904年の日露戦争、1910年の韓国併合、1914年の第一次世界大戦、1931年の満州事変、1932年の平頂山事件、1937年の南京攻略、1941年の太平洋戦争開始と、間断なく領土拡張のために隣国への軍事介入を繰り返してきました。

そのような介入には様々な理由があったし、そうせざるを得ない状況だったという評価もあり得ます。しかし、それらの戦争の口火を切ったのはむしろ日本であったという歴史に照らすと、中国や朝鮮半島の国が日本に攻め込んでくる蓋然性は高いとは言えません。もちろん、攻められる可能性はないわけではない。しかし、「低くても可能性がある以上は軍備に金をかけるべきだ」というのは、適切な優先順位づけと言えません。限られた資源の分配により、国民の命と生活を守ることが政治の本質であるとすれば、近隣諸国から攻撃される蓋然性よりも、自然災害により命と生活を奪われる危険性のほうが各段に高い日本においては、災害への備えをむしろ優先すると考えることは合理的です。

■中国による侵略の脅威

次に、中国が海底資源の権益確保を目指して日本を攻撃する蓋然性について考えてみましょう。どこの国であっても、自国の利益を厳しく主張するのは当然です。そんな厳しい主張に驚き、脅威を感じるのは、本来の外交の厳しさを忘れているからでしょう。外交は国益のぶつかり合いですから、当然に厳しい主張を出し合うものなのです。これまでの中国が、尖閣諸島に強い主張を繰り返してきたのも、海洋覇権の確保や深刻なエネルギー問題への対応があったからです。

しかし、そのために中国政府が日本を軍事的に攻撃したら、世界中が非難することでしょう。外国からの投資熱は冷め、貿易も落ち込み、中国経済は悪化していく。費用対効果でみればマイナスになる道を、中国政府があえて選ぶ蓋然性は低い。ゼロではありませんが、可能性すら極めて低い課題の優先順位は低くすべきです。

しかも、最近の中国は、大気汚染問題への対応を契機に、大規模な太陽光発電所を建設するなど、再生可能エネルギーへの投資を増やしています。太陽光発電のみならず風力発電、水力発電でも中国は世界一です。世界の三大再生可能エネルギーで世界のトップを独走していますが、太陽光発電パネルの生産も中国勢が世界を席巻しています。日本が環境立国などと言ってＰＭ２・５に苦しむ中国を上から目線で見ていた時代ははるか昔であり、未だ原発に固執している日本相手に中国が化石燃料確保のために領土紛争をしかけてくる蓋然性は極めて低いと言えます。このように国家としてエネルギー政策の転換を進めていけば、化石燃料を確保するという尖閣諸島の権益もその重要性が相対的に低くなっていきます。軍事力に訴えることで世界から非難されてまで手に入れる必要性はほとんどありません。

日本が変われないでいる間に近隣諸国を含めて世界は変化しているのです。領土問題を軍事力で解決できないことは、北方領土問題を見てもわかることです。北方領土返還のために日本が軍事力に訴えたとしたら、日本は国際社会から孤立してしまうでしょう。

いまや、領土問題を軍事力で解決するという時代ではありません。代償があまりに大きすぎるからです。それを理解できずに時代錯誤的に軍事力に訴えて問題を解決する方針しか打ち出せないとしたら、悲劇を通り越して喜劇です。

なお、尖閣諸島の問題に関して言えば、この問題の発端は石原慎太郎元東京都知事による買収画策にありました。その後日本が国有化したことから、それまで棚上げにされていた領土問題を顕在化させてしまったのです。棚上げという解決方法は一つの知恵です。現在の両国民の能力をもってしては解決できない難問も、将来の両国民の知性によって解決できるかもしれない。人類は進歩するからです。また、両国の関係、両国を取り巻く政治的、自然的、文化的環境等も変化するかもしれません。そこでは新たな解決方法が見いだせる可能性は多いにあるのです。それに期待して問題を将来に棚上げすることはむしろ合理的な解決方法と言えます。

■北朝鮮による侵略の脅威

さらに、北朝鮮の核ミサイル開発のような近隣諸国の軍備増強によって、日本は攻撃される危険が高まったと言えるでしょうか。

そもそも2017年の一連のミサイル実験はアメリカを標的にしたものであり、日本の脅威がこれによって高まったわけではありません。これを国難だと騒ぎ立てて国民の不安を煽《あお》るのはどうかと思います。Jアラートという空襲警報を鳴らして子どもたちを机の下に隠れるように訓練することの意味があるとしたら、北朝鮮への恐怖心を植え付ける効果だけでしょう。それが日本の安全保障にどれほどのマイナスになるのか考えるべきです。

仮に軍事的ハード面における増強が、軍事的な脅威になりうるとします。しかしそれならば、軍事力がもっとも強いアメリカは最大の脅威となるはずです。アメリカは、世界の軍事費のほぼ半分を一国で占めているほどの軍事大国です。そして戦後70年間に、20か国以上へ軍事介入しています。それなのに、アメリカが日本を攻撃すると懸念する人は少ない。日米安保条約が存在することもありますが、軍事同盟があれば攻められないとは限らないことは歴史の示すところです。かつて日本はイギリスと日英同盟という軍事同盟を結んでいながら、イギリスを敵に回して戦争をしました。また、日ソ中立条約があったのに旧ソ連は終戦間際に日本に攻め込んできました。そんなものは時々の国益次第で簡単に破られてしまうのです。

アメリカの軍事力を日本人が脅威に感じないのは、軍事同盟の存在自体よりもむしろ、文化・経済等の関係を維持し続けてきた信頼関係が両国間にあり、アメリカには日本を攻撃するメリットがないと日本人が感じているからです。アメリカにとって重要な貿易相手国であり、核兵器も持たない日本を攻撃するメリットはないし、むしろアジアにおけるアメリカの防衛戦略に日本は貢献している。よって、アメリカが日本を攻撃するメリットなどないと日本人は理解しているのです。日本人が軍事大国アメリカを脅威に感じないのはそのためです。

これを裏から言えば、軍事的脅威があるから不安なのではなく、信頼関係がないから不安を感じるのです。戦争は、遂行する能力（軍事力）とその意思によって可能となります。いくら能力があってもその意思がなければ脅威にはなりません。私たちが北朝鮮に不安を感じるとすれば、それは核実験に成功したというその軍事能力からよりもむしろ、日本を攻撃する意思があると感じているからに他なりません。そして、それは両国の信頼関係を崩したまま、「必要なのは対話ではない。圧力なのです」と対話による解決を否定し、「圧力」だけで事に臨む外交姿勢自体が最大の要因です。

そして、対北朝鮮に限らず、一般的に言えば、日本が正規の軍隊を持つことで、アジア諸国との信頼関係をますます崩すようなことになってはならないのです。そうなれば、他国に攻撃の口実を与えることにつながっていきます。日本の安全保障政策は、他国に脅威を与える軍事的抑止力の増強ではなく、日本攻撃の口実になるような脅威を与えない安心の供与を基本とするべきです。

(3)「攻められないように軍隊を持つべきだ」

軍隊を持つほうが攻められる危険は小さくなる、という意見があります。「攻めてきてみろよ、もっとひどい目にあわせてやるからな」といって相手国に対する攻撃抑止力になるという考え方です。こうした「抑止力」に依存した安全保障政策は、実はかえって国民を危険にさらすものです。軍事的抑止力に依存する安全保障論には次のような疑問があります。

疑問1　そもそも抑止力が効果的な安全保障手段かどうかが不明である。抑止力という概念自体が極めて主観的なものであり、抑止力の効果を客観的に測定することは不可能ではないのかという疑問がある。

抑止力が機能している状態というのはどういう場合か。それは「相手国がこちらを攻撃した場合、攻撃による利益よりももっと大きい打撃をこちらから受けると相手国が理解していると、こちらが認識でき、それにより、相手国はこちらを攻撃しないであろうとこちらが考えることができる場合」と言える。こうしたときに抑止が効いていると判断できるのだが、傍線部分はすべて主観的要素である。抑止力とは何重にも主観的要素を重ねた判断であるから、平和の維持と抑止力との因果関係を客観的に論証できるものではない。

疑問2　抑止力の前提に対する疑問がある。

抑止力とは、お互いの腹の探り合いのようなものであるから、お互いが相手の軍事的能力や意図（軍事戦略）に関する情報を適切に有していることが前提となる。しかもそうした情報に基づいて理性的に判断できることを前提にしている。北朝鮮に関して言えば、これまで金正恩《キム・ジョンウン》委員長が何を考えているかわからない危険な人物だとか、中国の軍事力は統計が不正確で不透明だと言いながら、抑止力を強調する人がいる。しかし、それは自己矛盾である。それは抑止が働かないことを自白しているに等しい。

疑問3　同様に、テロに対する抑止力も無意味である。

現在、世界で最も脅威とされている国際テロを行う集団は自爆テロをも行い、軍事的な脅し、つまり抑止が効かない相手である。抑止力を高めればその国は平和になり、国民は安全になるのであろうか。もしそうであれば、世界最高の軍事力を持ち、世界最大の抑止力を持つ米国が世界で最も平和でかつ、米国市民が世界のどこへ行っても最も安全であるはずだが、現実は逆である。世界平和度指数のランキングで米国は163か国中、121位である（2018年）。ちなみに最下位はシリアであり、日本は9位である。

疑問4　相手国を刺激し、軍拡競争を誘発することを考慮していない。

抑止力論は相手の脅威を強調して自国の軍事力強化を主張するが、そのことが相手国にとって脅威となり、ときに挑発になることを考慮しない。相手は日本に負けまいと軍拡に走り、日本もさらに負けまいとそれを上回る軍拡を目指すことになる。こうして際限なき軍拡の負のスパイラルに陥る危険性がある。その結果、一触即発の危機が生まれ、国の安全はかえって損なわれる。いわゆる「安全保障のジレンマ」に陥る。

「安全保障のジレンマ」とは、自国の安全のためにとった措置がかえって相手国に対する緊張を与え、相手国がとる対抗措置により、自国の安全が阻害されることをいう。相手に脅威を与える政策はかえって自国の安全を棄損するのである。

疑問5　そして何よりも、抑止力論は、抑止が破れた時の甚大な被害について考慮していない。抑止が破れれば戦争になり、甚大な被害が生じる。その点に触れることなく、抑止力を高めれば確実に戦争を阻止できるように吹聴《ふいちょう》することは不誠実である。非軍事中立戦略に対して、侵略されたときの被害を甘受するのかと批判する人たちは、抑止が破れたときの被害は無視するのかと問い返されることになる。

このように、軍隊を持っていれば敵国からの攻撃を抑止でき、国民の生命、財産を守れると簡単には言うことはできません。しかも、相手よりも強い武器を持たなければならないのだから、仮に相手が核兵器を持っていれば、こちらも核武装が必要になります。軍備拡張政策がとられ、今以上に予算は福祉から軍事費にまわされ、増税も現在の比ではなくなるでしょう。

そして、万が一、どこかの国から攻撃されたら反撃することになり、戦争という暴力の連鎖が始まります。一回反撃するだけでは済まず、戦争は長期に及び、日本の地形と人口密集度合い等からすれば、国民の生命と財産への戦禍は拡大する可能性もあります。攻撃を抑止できないどころか、軍隊を持つことによって敵国は攻撃の対象を設定するため、攻撃を受けやすくなるのです。

集団的自衛権の行使を認めて、米軍と一緒に軍事行動をとれるようになれば、私たちの生活がより安全なものに変わるという意見もあります。しかし、日本軍がアメリカと行動を共にすることにより、アメリカの敵は日本の敵になり、日本は今まで以上に攻撃されやすくなるでしょう。そのことは、アメリカのアフガニスタン攻撃やイラク戦争に日本が加担する前と後で比べれば、はっきりしています。正式な軍隊を組織し、集団的自衛権を行使するようになれば、テロなどの攻撃を受ける脅威のレベルは、欧米の軍隊を持つ「普通の国」と同じレベルに達してしまうのです。

抑止力になるので軍隊を持つ、ということは、そういう国のあり方を支持することです。そこまでの覚悟が私たちにあるのかが問われるのです。

(4)「独立した主権国家である以上、自分の国を自分で守る軍隊は必要だ」

日本はアメリカと安保条約を結んでいます。だからもし尖閣諸島で不測の事態が発生すれば、アメリカは、その「共通の危険に対処するように行動する」ことになります(安保条約5条)。しかし、2015年の日米防衛協力のための指針(ガイドライン)においては、日本に対する武力攻撃の場合、あくまでも日本が主体的に攻撃を排除することになっています。このようにアメリカはアメリカの都合で戦争を行っており、日本の言い分を聞いているようには見えません。安保条約は、アメリカが自国を防衛するのに必要な限りで日本を防衛するものなのです。「アメリカ・ファースト」を明言するトランプ政権の下では、そのことがより鮮明にあらわれるでしょう。国際社会は冷徹であり、友情などというウェットな関係は意味をなしません。どこの国も自国の国益が第一です。民主国家のリーダーであればあるほど国民の利益を無視できないのです。自国民を差し置いて他国民を守ることなどありえません。

そこから、日本も自前の軍隊を持たないと不安だという意見が主張されることがあります。「独立した主権国家」とは、外国に対して独立した存在という意味です。ここでの主権は国民主権の主権とは異なり、国家の最高独立性としての主権です。この対外的独立性を保つためには、自分たちの国を、他の国を当てにせずに自分たちで守るのは当然です。以前はそう考えられてきました。

しかし、最近では、それはそれほど当然のことでもなくなってきています。独立国家としての主権が制限される場合が増えてきたからです。たとえば、EU加盟国は、各国家の独立を守るために、国家の主権をお互い制限しています。1946年に制定されたフランス憲法では「フランスは、平和の組織及び防衛に必要な主権の制限に同意する」として、個々の国が自分たちの力だけで自国を守るという伝統的な発想から解放されました。その後、ドイツでも安全保障のために国家主権を制限する憲法を制定しました。

自分の国を守るために自国の軍備を拡大すると、どうしても軍拡競争となり、かえって地域の軍事的緊張が高まります。紛争の火種を抱えることで、地域の安全保障の障害になるのです。そこで、自国の戦争する権利を制限して、周辺諸国と信頼し協力し合うことで安全保障を実現したほうが合理的です。この仕組みを「集団安全保障」と言います。集団安全保障とは、多くの国が予《あらかじ》め友好関係を結び、相互に武力行使を禁止すると約束して、お互いの主権を制限します。そのうえで、もし万が一、この約束を破って他国を侵略する国があれば、他のすべての国が協力して、その侵略をやめさせようとする仕組みです。同盟の外に共通の敵を想定する集団的自衛権とはまったく異質の考え方です。

独立した主権国家だから、外敵を想定した上で自国を自分たち「だけ」で守るべきだという意味であれば、それはもはや時代遅れの発想です。世界の趨勢《すうせい》は、国家の主権を制限しても、集団安全保障体制をいかに構築していくかに焦点が移っているのです。

いま世界は、アメリカと中国とが経済と軍事の面で大国としての関係を模索する激動の時代です。そこに、もし日本がその動きに呼応し、どちらか一方の側に与《くみ》して参戦することは、日本の国益に沿いません。「お友達だから助けてくれる」という期待こそ、情緒的な「お花畑」の発想ではないでしょうか。国際政治ははるかに冷静で現実的、論理的要因でしか動きません。ましてや「アメリカ・ファースト」を公言して当選した大統領が、日本だけのために動いてくれるとは考えられません。軍事力に依存して何とかなるというのは現実的でなく、世界は違う方向に向かっているのです。

意味のないゲームには参加せずに、中立を保ちながら、ときにゲームそのものから離れ、ときに仲裁をかって出る。そして無意味なゲームそのものをやめさせる。それも十分に現実的な外交であり、国際貢献のあり方です。

日本が、アジアの一員として存在し続けるためには、大陸や朝鮮半島の国々と協力関係を築き、アジアにおける集団安全保障の枠組みをいかに作っていくかというテーマを議論する時期に来ているように思われます。アジアでは、経済問題のみならず、エネルギー問題、環境問題、自然災害対策など私たちの生存に必要な課題が山ほどあります。こうした我々の生存や生活を脅かすあらゆる脅威からの安全を確保するために必要なのは、アジア各国との信頼関係、協力関係の構築であり、軍事力強化ではありません。他国の軍拡路線に惑わされて、日本が抑止力の名の下に軍拡を目指すことは、安心の供与という日本の基本的な安全保障の軸がぶれることを意味し、それは、日本のみならず、アジア、ひいては世界の安全保障に大きなダメージを与えることになるでしょう。

軍縮や非暴力による国際貢献を進めるという国家の方向性を指し示すものとして、十分に9条は存在意義があると考えます。外交オプションとして9条を残しておくことは、日本の外交の幅を広げるでしょう。軍事力を背景にしなければ外交力が弱くなる、という人もいます。しかし、むしろ軍隊を持ち、「普通の国」になってしまい、アメリカと同一視されてしまうことのほうが、多面的な外交をするには不利になります。非軍事中立戦略は使い方次第で現実的な外交手段になるのです。

百年以上にわたり悲惨な戦争を繰り返してきたドイツとフランスが、今後軍事的に衝突すると考える人はほとんどいないはずです。1963年にド・ゴール仏大統領、アデナウアー西独首相はエリゼ条約を締結しました。このエリゼ条約締結50周年（2013年1月）に駐日独仏大使は、連名で発表した寄稿文（「朝日新聞」2013年1月13日付）で、「対立がもたらす代償がいかに大きく、和解から得られる利点がいかに大きいかを、歴史の教訓から知った」として、今後の平和的独仏関係を確認しています。

「両国を隔てるより結びつける要素が多くなったのは史上初めてだ。意見や利害の違いを軍事力で解決するという方法は、もはや考えられない。

この50年を振り返ると、仏独ともに将来に向けた責務を一層感じると同時に勇気づけられもする。両国は欧州統合のエンジンとなったし、そうあり続ける。国境の撤廃、共通の通貨、居住の自由など今日の欧州市民が享受している恩恵は、独仏の協働なしには考えられない。

独仏両国民は今後もこの道を歩んでいく。対立がもたらす代償がいかに大きく、和解から得られる利点がいかに大きいかを、歴史の教訓から知ったからである。」

(5)「専守防衛に徹する条件で軍隊を持つべきだ」

集団的自衛権は行使すべきでないが、個別的自衛権を行使する軍隊は必要だという立場はどうでしょうか(17ページ②の立場)。

安保法制によって認められた集団的自衛権の行使は、アメリカとの同盟関係の強化が狙いだ。そのため、日本はアメリカが地球の裏側で引き起こした戦争にまで巻きこまれる危険があるから、これを認めるべきではない。これに対して、敵が日本に攻め込んできた場面では、日本人の生命、自由及び幸福追求権を守るために反撃、つまり個別的自衛権として軍事力を行使することは必要であり、専守防衛に徹した軍隊ならば持つべきだ、という立場です。

自衛の名の下の侵略

残念ながら、自衛戦争の名の下で、多くの悲惨な失敗を繰り返してきたのが、人類の歴史です。日本もかつて、第一次世界大戦後の1928年にパリ不戦条約に署名しておきながら、「国家政策の手段としての戦争」、つまり侵略戦争を「満州事変」から「大東亜戦争」にいたるまで、自衛の名の下に行ってきたのです。

また、アメリカの行ったベトナム戦争も、旧ソ連のチェコスロバキア軍事介入や、イギリスの中東イエメン介入なども、集団的自衛権の名の下に行われてきました。自衛という名目は侵略という実質を覆い隠す口実であることのほうが多いのです。

これらの歴史に照らして考えてみると、侵略戦争と自衛戦争の区別はあまり意味がありません。侵略戦争をしないと明記したところで、軍隊を持ってしまえば、それに対する歯止めにはならないおそれが大きいのです。だからこそ憲法9条は2項によって、戦争の手段たる戦力の保持を禁じ、国の交戦権を否定しました。戦争の目的を問わず、一切の武力行使を禁止することにより、国民の生命、自由、財産を守ることにしたのです（詳しくは第3節で述べます）。

個別的自衛権の危うさ

専守防衛に徹し、個別的自衛権の行使に限定した軍隊ならば持ってもよい、というのも楽観的すぎると考えます。

個別的自衛権が最も大がかりに発動された例は、2001年9・11同時多発テロで、アメリカがタリバン政権への報復として始めたアフガニスタン戦争です。さらにアメリカは、自衛のためなら先制攻撃も辞さないとの考えのもと、イラクが大量破壊兵器を保持しているとして、数千キロの彼方に出かけて殲滅《せんめつ》し、占領しました。

しかし、大量破壊兵器は発見されませんでした。個別的自衛権を行使するための前提事実に誤りがあったのです。個別的自衛権の行使は、このように一国の判断で行使できるため、実は誤った軍事行動を起こすおそれが高いものです。そのため、たとえばドイツでは、自らの判断で軍を海外に派遣せず、NATO（北大西洋条約機構）の集団防衛や国連による集団安全保障にその判断を委ねています。むしろ、集団的自衛権のほうが、時間的に個別的自衛権に次いで発動されるのが通常であるため、武力行使をすべきかについて冷静に判断できる面もあるのです。

こうして見ると、個別的自衛権は誤って行使されやすく、集団的自衛権よりもむしろ危険な面があります。これを憲法に明記する改憲を行うことは、現在の9条とは異なり、個別的自衛権を行使できることが憲法上のデフォルトとなり、そこから解釈によってさらに何ができるのかが議論されることになるでしょう。敵基地攻撃、先制攻撃も個別的自衛権行使として許されるという議論が広がっていくおそれもあります。軍事力による安全保障を正面から憲法で認めるということはそういうことです。

■文民統制

誤った武力行使に対する歯止めとして、文民統制というシステムがあります。軍隊を国会や文民の大臣などがコミットして民主的に統制する仕組みです。明治憲法では、天皇が軍隊を統率するはずでしたが、軍の機密保持や敏速な行動を優先して国務大臣を関与させず、実際には軍人だけで戦争が進められ、戦局は泥沼化していきました。そこに国会等の関与を求めて歯止めをかけようというのです。文民統制を憲法に明記する案は、個別的自衛権に限定して憲法に明記する②の立場、③の安倍改憲の立場でも主張されています。

そもそも軍事力の民主的統制は可能なのでしょうか。文民統制という政治家による軍事力の統制は、次の理由から機能しないと考えます。

まず、前提として軍隊は、市民社会とはまったく異質の存在であることを確認しなければなりません。市民社会は個人を尊重するのに対して、軍隊は個人よりも組織を重視します。市民社会の中では、一人ひとりの主体性が重視されるのに対して、軍隊では命令に服従することが絶対視されます。何よりも市民社会では人の命を守ることが最大の価値であるのに対して、軍隊は命を奪うことを高く評価します。このようにまったく異質の軍隊という非民主的組織を市民社会が抱えること自体、大変な矛盾が生じるのであり、戦前その共存に失敗したドイツでは、軍隊の民主化を推し進め、軍人を軍服を着た市民という位置づけにし、なんと上官の違法な命令に従わない権利と義務を認めました（軍人法11条）。それに対して日本は、軍隊の保持自体を社会が放棄することで折り合いをつけたのです。文民統制が困難であることに気づき、そもそもコントロールできないような危険な組織を持たないことにしたと言えます。

第一に、政治家など文民が的確に軍事情報を得て、専門的な判断ができるのでしょうか。軍事機密は常に同盟国との関係を理由に秘密にされます。日本においても、秘密保護法などがある下で、政治家が必要な軍事的情報をすべて獲得した上で適切に判断するとは到底考えられません。与えられる情報が限定されるのであれば、議会や政治家が軍事的判断を下す能力も当然に限定されます。ベトナム戦争開戦時（１９６４年）のトンキン湾事件、イラク戦争開戦時（２００３年）のイラクの大量破壊兵器の存在やテロリストとのつながりに関する情報操作などは、文民統制の限界を示しています。

第二に、軍事的判断の誤りは国民に取り返しのつかない致命的な不利益を与えます。経済政策の判断ミスは後で修復可能かもしれませんが、軍事的判断のミスは人命に係わり回復不可能です。後で失敗だったと内閣総辞職をされても、失われた命は戻ってこないのです。政治家に不安を煽られた国民の一時的な興奮や感情が民意となって、政府や議会の理性を失わせる危険も高いと言えます。

第三に、政治家が軍需産業をコントロールできるかは極めて疑問です。かつては、戦争が起こるから軍需産業が栄えると言われましたが、今は、軍需産業のために戦争が引き起こされるという実態があるのではないでしょうか。防衛組織は、軍需産業と相互依存関係に陥り、組織・装備のための予算の拡大、人員増員、受注や天下り先の利潤拡大、需要創出のための国民の不安感創出などが常態化します。これらとまったく無縁で、真に国益のためだけに政治家や防衛組織が行動すると信じられるほど、人間は廉潔でも高潔でもありません。

憲法に民主的統制手段を具体的詳細に規定したとしても、イラク、南スーダンにおける日報問題などの情報操作の例を挙げるまでもなく、その現実の運用の場面で骨抜きになる危険が常にあります。森友学園問題に見られるように、財務官僚による公文書改ざんすらコントロールできない政府が、戦争や軍隊をコントロールできるとは思えません。

とりわけ現状の国会審議を見れば、秘密保護法によって情報が統制され、また公文書の隠蔽《いんぺい》、廃棄、改ざんが日常化しつつあります。こうした現実からすると、国会による統制は幻想と言わざるを得ません。誤った情報で国民が誤った判断をする例は、イラク攻撃を決断したブッシュ政権に対する国民の支持などの実例もあります。日本でも、二等海曹がイージス艦の構造図面などを持ち出して情報を漏えいしたり、情報保全隊を組織して日本共産党などへの監視活動を行ったり、最近では空自の三佐が野党の国会議員に国益を損ねる等の暴言を吐くなど、政府は自衛隊をしっかりコントロールできているとは言えない状況にあります。そのような政治家に、文民統制の仕組みで軍隊をコントロールできるとは考えにくいのです。

そもそも「憲法で歯止めをかけておけば大丈夫」という考えは、憲法に書いておけば権力者が憲法を守ってくれるという前提があっての話です。しかし、安保法制が定めた集団的自衛権の行使や、野党による臨時国会召集要求の無視など、安倍政権は憲法を守ろうとしていません。にもかかわらず、こうした人たちに任せて、「軍事力を与えつつ、憲法で歯止めを」と考えるのは、権力を見る目が甘いように思われます。

■軍隊を持つことによる国民生活への影響

個別的自衛権行使に限定したとしても、その範囲で交戦権を行使する軍隊を持つことを真正面から認めることによる様々な国民生活への影響を考えておく必要があります。この点は、自衛隊明記による影響として第4節で述べることにします。ここでは戦争の兵士への影響だけ述べておきます。私たちは戦争で死ぬということ、人を殺すということの現実を理解しておかなければなりません。

米国では、貧困層や仕事がない若者が軍隊に入らざるを得ない厳しい現実があると言います。これは、経済的徴兵制と表現されることがあります。海兵隊に入隊することで大学進学の奨学金が得られるということで入隊するものの（新兵の奨学金希望者85％）、実際には帰国後はそうした意欲も失われ、大学を卒業できるのは15％に過ぎないと言われています。

入隊した新兵を待っているのは、過酷な訓練ですが、アメリカ海兵隊の新兵訓練の目的は、「人を殺せるようにすること」にあります。もともと98％の人間は「同種殺しの抵抗感」から人を殺せませんが、人を殺すことに対する心理的なバリアーを除く教育がなされ、何も考えずに人を殺せるようになり、殺人という任務をこなせる人間に作られていきます。こうして若者たちは、12週間の訓練の後、3か月の実戦的訓練を積んだだけでイラク、アフガンの戦場に送りこまれます。米軍では、第二次世界大戦で、見える敵への発砲率が15～20％に過ぎなかったことに衝撃を受けた軍幹部が新兵訓練を見直し、心理学者、精神医学者を動員して躊躇《ちゅうちょ》なく人を殺せるようになるプログラムを開発し、現在では発砲率も90％以上に「改善」していると言います。

ですが、こうして人を殺せる殺人マシーンに仕立て上げることはできても、戦地から戻った兵士を真人間に戻すプログラムは未だに開発されていないのです。そのため、帰還兵が戦地での経験に苦しんだ末に自ら命を絶ってしまう。戦死者以上に帰還兵の自殺者が多いのが現代の戦争の特徴です。帰還兵は麻薬、犯罪、貧困に苦しみ、ＰＴＳＤ、うつ病に苦しみ続けています。

『帰還兵はなぜ自殺するのか』（デイヴィッド・フィンケル著／古屋美登里訳、亜紀書房、２０１５年17〜18ページ）から一部引用すると、

「アダムと共に戦争に行ったあらゆる兵士たち――小隊三十人、中隊百二十人、大隊八百人――は、元気な者ですら、程度の差はあれ、どこか壊れて帰ってきた。アダムと行動を共にしていた兵士のひとりは、『悪霊のようなものに取りつかれずに帰ってきた者はひとりもいないと思う。その悪霊は動き出すチャンスをねらっているんだ』と言う。」

「『家で襲撃を受けるんだ』別の兵士が言う。『家でくつろいでいると、イラク人が襲撃してくる。そういうふうに現れる。不気味な夢だよ』」

「いたって体調がよさそうに見える兵士は、『妻が言うには、ぼくは毎晩寝ているときに悲鳴をあげているそうだ』と言ったあとで困ったように笑い、『でも、それ以外は何の問題もない』と言う。しかしほかの兵士たちと同じように、途方に暮れているように見える。」

こうして若者は苦しみます。『週刊金曜日』（９８９号、２０１４年４月25日、22ページ）に「帰還兵は今」という特集記事が掲載されています。イラク西部へ派遣されていたジェラルド・メナさん（32歳・ミズーリ州出身）が次のように証言しています。

「戦争でひどく苦い経験をして、初めて本当に大事な事実を学んだのだと思う。戦争には、栄光など決して存在しないのだということを。戦争とはむごたらしくも悲惨で、恐ろしい暴力にほかならない。」

たとえ個別的自衛権であっても軍隊を持ち武力を行使するということは、他国民を殺傷するこうした若者たちの苦しみを私たちが引き受ける覚悟を持つということであり、こうしたリスクを承知の上での9条改憲論でなければならないと考えます。まずは、私たち自身が戦争の悲惨な現実を知ることが必要です。戦争は、映画やゲームのようにかっこいいものなどではありません。耐えがたい苦痛を本人や家族、友人にもたらし、残酷で、無残で、悲しいだけです。武力行使によってさらに重大な問題を引き起こすことになります。

（6）非軍事中立戦略という安全保障政策

■軍隊は何を守るのか

専守防衛に限定する②の立場も、集団的自衛権の行使を認める③の立場も、軍隊が必要だという点では共通します。では、軍隊を持つことにより何を守ろうというのでしょうか。

先に引用した栗栖元幕僚長の言葉で言えば、軍隊が守るべきものは「我が国の平和と独立」（自衛隊法3条1項）です。もっと言えば、国の独立、領土、統治体制などを守るのが軍隊の役目です。

たしかに、これらは国家にとって重要な価値です。しかし、軍事力を使って戦争するほどの価値はあるでしょうか。敵国からの攻撃にこちらが反撃して戦争が始まれば、さらに攻撃を受け、攻撃と反撃は連鎖し、それが数か月から何年かにわたって続きます。

特に日本は、入り組んだ海岸線に囲まれ、人口が密集し、新幹線が多く走り、海岸線には多くの石油コンビナートや原子力発電所を抱えています。そのようなインフラ等が攻撃を受ければ、すさまじい破壊や荒廃を生みます。運良く人口の半分が生き残ったとしても、工業地帯や都市部を一掃されて生活の基盤を失った国土をどうやって立て直すのでしょうか。

さらに、原発施設が攻撃されたり、核兵器が使われたりすれば、自衛隊や米軍が行動を起こす前に、一瞬にして日本の領土は汚染され、回復不能の被害を受けます。東日本大震災による原発事故の比ではありません。これが、いま日本が攻撃されたときの現実なのです。

他方で、国の独立や統治体制は、そのような回復不能な被害を受けてまで守らなければならないものでしょうか。むしろ、安全保障において最も守るべきなのは、私たち一人ひとりの生命と人権です。ともかくも私たちが生き残れば、独立や自由はやがて回復可能です。逆に、それが絶滅したり、国土が回復不能な被害を受けたりしてしまえば、その可能性はなくなってしまうのです。

この点、長谷部恭男教授は、常備軍が守るべきものとして「社会全体の利益の核心というべき国民の生命・財産の保護」を挙げます。その保護は国家の役割であり、「無防備で国民の生命・財産を保護できるはずはない」とします（「憲法論争と９条問題」『論座』２００６年５月号、３２１ページ）。

しかし、個々の市民の生命や財産を守ることは、軍隊の直接の任務ではありません。軍隊の任務は「国の平和と独立」を守ることであり（自衛隊法3条1項）、国民の生命・財産はその結果として守られるにすぎないのです。上官の命令を遂行するうえで、個々の市民に犠牲を強いる場面すらあることは先に触れたとおりです。

長谷部教授は、いわゆる「非武装中立」の立場の一部が、外国軍隊の侵攻に対して、人民が群民蜂起やパルチザン戦（民兵による実力行使）による武力抗争で抗戦すべきと主張しているのを紹介し（『憲法と平和を問いなおす』ちくま新書、2004年、164ページ）、そのような「民兵組織の活動が、ときとして、一般市民を巻き込むきわめて悲惨かつ残虐な結末をもたらしうること」、および「戦闘員と非戦闘員との区別、そして最前線と後方との区別を、系統的に不分明にする」ことが、戦争法規に反する無差別反撃を導き、民間人への戦争被害が大きくなると批判します（同122ページ）。そのうえで、9条の合理的拘束のもとで必要最小限度の常備軍を用意するほうが悲惨な帰結を防げるとしています。

しかし、常備軍は組織化された重装備の部隊ですから、攻撃に応戦し始めれば、戦闘の規模はパルチザン戦や組織的な非暴力不服従運動よりもはるかに大きくなり、それに従って被害も当然に大きくなるように思われます。

ちなみに、パルチザン戦よりも非武装抵抗主義のほうが現実的だとする傾聴すべき指摘があります。「現代の社会では、（イ）武装抵抗による犠牲が、それによって守るべき価値（誇り、生命、財産、体制）よりも巨大なものとなってしまったこと（暴力行使費用増大の法則）、（ロ）いかなる独裁的占領権力も、長期にわたって一国民を軍事的、政治的に支配することは不可能であること（国家管理費増大の法則)、この二法則はますます増大していく傾向からみて、長期的展望にたてば、すくなくともわが国では、非暴力抵抗主義のもつメリットが見なおされ、その研究(政治哲学、戦略、戦術)をさかんにする必要がある」とする見解です(永井陽之助「シンポジウム『日本は何を守るのか』問題提起 三つの問題点と二つの提言」『中央公論』1973年3月号、174ページ)。

理想だけから非軍事中立戦略を支持することも、他方で「殺されるより殺すほうがマシ」だから非軍事中立戦略に反対することも、必ずしもリアリティのある話ではありません。現実的に考えれば、攻められたときにいったん後退することを含めて、被害を最小限度にできる戦術を模索するのが現実的です。冷戦終結後、中国が台頭し、朝鮮半島情勢が動いている今だからこそ、対話が国際政治の安定の鍵を握ります。非軍事中立という選択肢は「お花畑」ではなく、現実的な判断からの選択肢なのです。

■軍事力によらない安全保障

軍事力による安全保障が、我が国に回復不能な被害をもたらすという前提に立つと、それ以外の安全保障を模索する必要があります。

軍事力によらない安全保障として最も有効なのは、どの国からも、日本を攻撃することにメリットがないと思わせることです。戦争は自然災害ではありません。必ず原因があります。軍事の専門家によると、戦争の原因は、恐怖、富(利益)、名誉にあると言います。日本を恐怖心から攻撃しないように安心を供与し、日本と戦争することは自国に利益にならないと理解させ、相互に敬意を払いながら相手の名誉感情を尊重していけば、攻撃の対象とされることはありません。合理的に考えればこうした関係を築き上げていくことのほうが重要であることがわかります。

軍事力が行使されるとき、その前提には何らかの紛争が起きていることが多々あります。具体的には、貧困、食糧不足、疾病、教育、経済格差などの原因が必ずあるのです。日本は、そうした紛争地域に積極的に出かけていき、現地の人と一緒になって学校を建てたり、作物を植えたり、医療の支援をしたり、仲裁のために尽力することによって、世界から信頼されるようになることです。具体的には、政府によるODAなど非軍事手段によって積極的に国際貢献を進めていくこと、民間企業やNGOなど各種団体を通じた民間交流などが、実は軍事力によらない安全保障なのです。これが憲法前文・9条が本来予定している「積極的非暴力平和主義」です。

軍事力によらないこのような国際貢献が、日本の国のかたちとして定着すれば、それこそ地域の防犯と同様に「日本を攻撃するのはリスクが大きい割にメリットがない」と思われるようになります。紛争がこじれてから軍事介入により解決しようとする対症療法ではなく、紛争の原因をなくすために協力するという、いわば根本治療を国際貢献の中核にするほうが、世界から信頼され、攻められない国になると考えます。

また、軍事力によらない安全保障として、他にもたとえばスイスのやり方などが参考になります。第二次世界大戦中、中立国のスイスはドイツの侵略を受けずに安全を維持することができました。スイス軍がドイツ軍より強かったからではありません。ナチスの高官がスイスの銀行に多額の預金などをしていたことが、ドイツによる攻撃を抑止させたのです。金融というソフト面の知恵が、安全保障に貢献したのです。もっと一般的に言えば、敵対する可能性のある国を含め、経済上の相互依存の関係を積極的に作り出すことです。依存度が、双方の国民にとっての互恵に不可欠だと自覚されるようになれば、有効な安全保障となります。第二次世界大戦時のドイツとイギリスとの経済的関係性から、いくら経済的関係があっても戦争は起こると指摘する人もいます。もちろん経済的関係だけで戦争を阻止することはできないでしょう。しかし、重要な抑止力になることも確かです。また、当時とは比べ物にならないくらいの相互依存を高めているのが今日のグローバル社会ではないでしょうか。

経済面に限らず、学問・芸術・スポーツなどの文化面における各国との人的交流の推進もまた、相互に深い理解者を生み出すことにつながり、戦争の条件を除去する効果が期待できるでしょう。

さらに、検討に値する防衛策として、中立不可侵条約を多くの国と結ぶ、アジアの中で集団安全保障体制を構築する、国連の役割の強化への貢献などを指摘することができます。これからは軍事力以外の力を充実させることが必要と考えます。外交力、経済力、技術力、教育力、文化力、芸術力、そして憲法の理念の力こそが重要です。

■攻められたらどうする？

ただ、このように軍事力以外の力により攻められない国を作ることが重要だというと、必ず出てくる反論が「攻められたらどうする」というものです。どんな国であってもその可能性はゼロでない以上、そのときの対処を用意しておくことは必要です。一般的には軍事力によって対処する。つまり武力を行使して戦うことで国を守ろうとします。この常識が果たして現実的であろうかと私は疑問を持っています。私は攻められたら戦わずに白旗をあげるべきだと考えています。

この考えに対して、国家は侵略による人権侵害から国民を守るべきであり、白旗をあげることは自らの人権を捨てることだと批判されることがあります。しかし、私は国家が国を守るために戦うことによってかえって国民の被害が拡大すると考えています。そもそも軍隊の目的が国を守ることにあり、国民の生命、財産を守ることではないという軍事の常識についてはすでに述べました。

また、「何をされてもかまわない、つまり奴隷になること」だと批判されることもありますが、非暴力抵抗は無抵抗とは違います。国家としても個人としても、非暴力による抵抗は当然に可能です。国家として軍事力による抵抗はしないというだけです。なぜなら、それが被害を最小限に留めることになるからです。国家の最大の任務は国民の命と財産を守ること。ですから、攻撃されない国を作り上げることが最大の任務となります。万が一、攻撃されることになったときには、その被害を最小限にくい止めることこそ、国家の任務です。反撃して大きな被害を招くよりも武力による反撃をせずに白旗をあげるほうが、被害が少なくて済むという判断です。

ナチスと戦った正しい戦争もある、だから日本も自国や大切な人を守るために戦うのは当然だという意見もあります。しかし、守るために戦うという人たちは、戦うことで守れることを前提にしていますが、戦ったところで大切な人を守れる保障はどこにもありません。または、勝つまで戦い続けるというのであれば、その被害の甚大さは計り知れないものになります。戦前の日本も自国の国体を守るために戦って、最後は白旗をあげました。もっと早く白旗をあげていれば、沖縄戦も原爆被害も東京大空襲をはじめとした全国の空襲被害もなかったでしょう。確かにナチスと戦った人たちもいました。しかし、パリ市民は戦わず白旗をあげたからパリのすばらしい町並みを残すことができました。日本でも官軍が江戸に迫ったときに勝海舟が白旗をあげて無血開城を選択したからこそ、江戸は火の海にならずにすみました。軍事力による抵抗が国民を守ることには必ずしもつながらないこと、冷静に白旗をあげることで国民を守ることができる事実も知っておくべきです。

憲法9条を原理主義的に守ろうとすると、理想主義、楽観主義と批判されることがあります。しかし、憲法を改正して軍隊を持つことによって国民を守れると考えることと、どちらが楽観的なのでしょうか。

戦争について、次のような楽観的な希望を持っていないでしょうか。軍隊は国民を守るものだと思う楽観、武力で紛争を解決できると思う楽観、米国は日本のために戦ってくれると思う楽観、日本の自衛官は精神強靱《きょうじん》なのでPTSDなどにかかったり、自殺したりするはずはないと思う楽観、軍隊を持って抑止力を強化すれば攻められないと思う楽観、戦争すれば必ず勝てる、または被害はないと思う楽観、たとえ攻められても原発は標的にならないと思う楽観、軍隊を持つ国になって敵を作ってもテロの標的にはならないと思っている楽観です。

さらに、人権への影響について、次のような楽観的な希望を持っていないでしょうか。軍事費が膨大にかかっても、国民の福祉に影響はないと思っている楽観、軍需産業が儲けた利益は国民にきちんと廻ってくると思っている楽観、軍隊を持っても人権保障には何の影響もなく徴兵制などありえないと思っている楽観です。

そして、政治家について、次のような楽観主義に陥っていませんか。軍事情報が開示され文民統制が可能だと思っている楽観、日本の政治家には、米国の要求を拒否できる能力があり、かつ軍需産業の意向などには左右されないと思う楽観、憲法を変えれば独立主権国家になれると思っている楽観、武装しても中立でいられると思っている楽観、戦前、失敗した軍事力の統制を今の政治家ならできると思っている楽観などです。

私は楽観を否定しようとは思いません。悲観は受動的感情ですが楽観は能動的な意思であり、楽観が成功を導くと信じています。そして人間は現実の中を生きながらも理想を追い求めなければ進歩はないとも思っています。しかし、誰もが自分の観たいようにものを観てしまう。私も同様です。その点を意識しながら、具体的で現実的な議論を展開する必要があります。

■日本の叡智

話は変わりますが、私は中高生の頃、愛国少年でした。日本の武士道に入れ込んで毎日弓を引いていました。そして将来は、日本のために働こう、そのためには外交官の道を進もうと、大学は法学部を選びました。日本のいいところをもっと外国に知ってもらいたいし、「日本人としての誇り」を持ちたいとずっと考えていたのです。同時に、「日本もアメリカのように軍隊を持って自分の国を守ることが望ましい。そのためには憲法改正も必要だろう」とも思っていました。

正直に言えば、自分が軍人になって命を失うのは怖くない。しかし、自分が恨んでもいない人を殺すことはできないと思いました。子どもでも武器を持っていたら殺さなくてはなりません。憎んでも恨んでもいない相手を殺すなどという恐ろしいことはできないと思ったのです。そこまでの勇気はなく、軍人にはなれないと思いました。しかし同時に、自分が嫌なことを他人に押しつけることは卑怯ではないかとも思いました。独立国家である以上は軍隊を持つべきだ、しかし、自分は軍人になって人を殺すだけの勇気はない。自分が嫌なことを人に押しつけることもしたくない。困りました。そこで自分の思考は止まってしまっていたのです。

司法試験を目指す中で憲法9条や前文の意味を知り、その手があったかと衝撃を受けました。武器を持たない、丸腰の強さに気づいたのです。大和魂に入れ込み、武士道を突き詰めて考えながら「日本の誇りをどこに見出すのか」を真剣に模索していた私にとって、「これだ！」という発見でした。軍隊を持たないという憲法9条を中心とした規定は、世界的に見て極めてめずらしいものです。実は武士道も力に頼りません。達人はむやみに武器を振り回したりしません。力に頼らず、精神的な気高さで相手を圧倒するのです。日本国憲法の平和主義と同じであることに気づきました。刀を持っているから強いのではなく、人格の高潔さに相手が感銘を受け、手を出させない。私の思うそういう武士道の精神が9条にはありました。日本人の精神を凝縮しているのが9条と思ったのです。

私は保守かリベラルかと問われればリベラルなのかもしれません。しかし、武士道や大和魂のような日本の文化・歴史を愛しています。それらは、必ずしも力ではなく、己を鍛え、決して刀は抜かないという点で高い精神性を感じることができます。それを国家に引きなおせば、問題を武力で解決するのではなく、政治力、外交力、経済力、文化・芸術の力、志の高さ、国家の品格で解決することを目指すということになります。このような平和主義は〝日本の叡智〟の結晶であり、日本の独自性・個性の現れと言えます。

西欧人が持っていない理念を主張していくことこそが、日本人のアイデンティティーであり、世界に訴えていく最良の手段だと、当時も今も思っています。それが憲法の「積極的非暴力平和主義」です。マグナ＝カルタという憲法がイギリスで生まれる600年も前に、日本では聖徳太子が十七条憲法によって官僚の権力濫用を戒めています（7条）。争いを避け、親睦の気持ちを持つことを求めている（1条）だけでなく、自分と違う他者の考えを認め（10条）、物事は1人で判断するのではなくみんなで論議して判断するように言っています（17条）。西洋の近代立憲主義とはまったく異なるものではありますが、日本の立憲主義そして平和主義の原点がここにあると思っています。

何があっても戦争しないという宣言は、非常識かもしれません。やられてもやり返さないというのは勇気がいるし、やせ我慢ともとられかねません。しかし、やせ我慢にも価値があります。戦後の日本は憲法の下で軍需産業に依存しないで経済成長を遂げてきました。世界の先進国の中でも極めて異例です。どこの国も軍需産業が経済を大きく牽引してきましたが、日本はその技術力をもってすれば世界最高の武器を作って金儲けできたにもかかわらず、あえてしませんでした。人殺しの道具を使って金儲けをしないという財界人の矜持《きょうじ》のようなものを感じます。高潔ですばらしいやせ我慢です。

憲法が掲げる軍事力によらない安全保障政策を支持し、支えるのは、なんといっても私たち市民です。もちろん、「市民」という集団は組織化されたものではないし、目的集団でもありません。場合によっては、一時の感情に流されて誤った方向に走ることもたびたびあります。勇ましい言葉を発する「強いリーダー」になびいてしまいがちでもあります。その点で、軍事力によらない安全保障を実現することには必然的に困難を伴います。しかし、「勇ましい言葉」に隠された戦争の悲惨さにイマジネーションを働かせ、軍事力によらない安全保障は、自分たちの人権を守るために不可欠な環境であることを知れば、この選択は極めて日本的であり、かつ現実的なものであることを理解できるはずです。これは他人事ではなく、人権の主体である私たち自身の生きざまに係わる問題です。

3　自衛隊は合憲か違憲か——憲法9条の解釈論を整理する

自衛隊は憲法に違反する。大多数の憲法学者は、憲法の文言を素直に解釈し、これを肯定してきました。本節ではそこを立ち入って見ていきます。

自衛隊違憲論をとる立場の多くは、安全保障論について非軍事中立戦略（第2節17ページ①）に与すると思われます。しかし、専守防衛や集団的自衛権の行使を認める安全保障論（同②③）の立場からも、自衛隊が違憲だからこそ9条の改憲が必要だとする主張もありえます。これに対し、これまでの政府は、専守防衛の立場から自衛隊を合憲とし、最近では憲法学者も、異なるロジックではありますが、自衛隊合憲論に与しています。

(1) 戦争違法化の歴史

憲法9条についての解釈の前提として、戦争規制の歴史を概観します。

■第二次世界大戦まで

中世では、神の意思を実現するための正義の戦争だけが許されるとする「**正戦論**」が支配していました。戦争を「正しい戦争」と「正しくない戦争」に分け、「正しい戦争」以外はできないとして戦争を制限する一方で、戦争そのものについては必要悪として認めていました。

近代に入ると、戦争をするかどうかは、国家の主権的自由の一部であると考えられるようになります。近代主権国家の列強が軍事力を背景として海外に進出し、植民地支配を進めていく過程で、戦争は国家目的を実現する一手段であり、正当な戦争と不当な戦争の区別はないとする戦争観に変化していきました。**無差別戦争観**です。

しかし、新兵器の開発が進んだ20世紀における戦争の悲惨さを目の当たりにした世界各国は、次第に戦争を違法なものと考えるようになっていきます。

第一次大戦後の**国際連盟規約**(1919年)は、「戦争に訴えざるの義務」を前文に謳《うた》い、12条で、紛争に関する国際裁判の判決や連盟理事会の報告後3か月以内は、戦争に訴えることを禁止しました。戦争を多数国間の条約で一般的に禁止した最初のものです。

また、**不戦条約**（戦争抛棄《ほうき》に関する条約。1928年）では、第1条で、国際紛争解決のため戦争に訴えることを禁じ、国家の政策の手段たる戦争の放棄を求めました。第2条では、一切の紛争又は紛議が、平和的手段以外の処理や解決を求めてはならないことが定められました。

もっともそれらは、戦争の違法化を徹底したものではありませんでした。たとえば、国際連盟規約では、戦争の禁止は限定的で、報告後3か月たてば戦争できるとされていました。不戦条約が禁止したのは「戦争」だったので、宣戦布告なき戦争のように、戦争の形式をとらない武力行使は可能とする解釈の余地を残しました。何よりも「国家の政策の手段」としての戦争、すなわち侵略戦争を禁止するだけだったので、自衛戦争の名目で行われる戦争は一切、阻止できませんでした。さらに、平和的手段による解決義務も、解決方法が具体的に示されたものではなかったのです。

こうして、各国は第二次世界大戦に突入していきます。

■国連憲章の武力不行使原則

2度の悲惨な大戦を反省して作られた**国連憲章**（1945年）は、国際連盟規約や不戦条約の不備をふまえ、戦争の違法化の徹底を目指しました。

国連憲章は、まず2条4項で武力不行使原則を定めています。そこでは、「戦争」だけでなく「武力による威嚇又は武力の行使」を含めて禁止されています。そしてそれらは、人道的介入、テロリズムの根絶、大量破壊兵器の廃棄など、理由のいかんを問わずに禁止されました。国際連盟規約や不戦条約にみられた曖昧さや抜け道を作らずに、武力の行使を包括的に禁止したのです。

武力不行使原則を裏から支えるのが、平和的解決義務（2条3項）です。武力行使の原因となった紛争を**「平和的手段によって国際の平和及び安全並びに正義を危うくしないように解決しなければならない」**とし、具体的には、**「その当事者は、まず第一に、交渉、審査、仲介、調停、仲裁裁判、司法的解決、地域的機関又は地域的取極の利用その他当事者が選ぶ平和的手段による解決を求めなければならない」**とされています（33条1項）。

■武力不行使原則の例外

国連憲章は、武力不行使原則の例外として、国連軍による軍事的措置、および自衛権の行使を認めています。

①国連軍による軍事的措置
戦争を違法なものとして禁止する反面、どこかの加盟国が戦争をはじめたら、他の加盟国がその国に「制裁」を科すことを、**「集団安全保障体制」**と言います。国連憲章は、各国の安全保障を集団安全保障体制によって実現することを想定しています。「制裁」には、安保理の決議のもと、非軍事的措置（国連憲章41条）と軍事的措置（同42条）が定められています。ただし、ここでもまず非軍事的措置が優先します。国連憲章はけっして軍事的措置を積極的に肯定しているわけではないのです。

この軍事的措置をとる正規の国連軍は、今日まで作られていません。そして実際には、安保理の武力行使容認決議にもとづき、多国籍軍・合同軍等が武力を行使してきました。イラクによるクウェート侵攻（いわゆる湾岸危機。１９９０年）に対してとられた多国籍軍の軍事行動はその例です。安保理が多国籍軍に武力を行使してよいと認める（授権）点で、まったくの私的な暴力とは区別されます（安保理決議６７８）。しかし、多国籍軍に対して安保理は指揮権を持たない点で、本来の「国連軍」とは異なります。ちなみに、イラク戦争（２００３年）は、アメリカとイギリスが多数の加盟国の反対を無視し、安保理決議を得ずに実施した武力行使でした。

②自衛権の行使

武力不行使原則の第二の例外は、「自衛権の行使の場合」、すなわち個別的自衛権と集団的自衛権を行使する場合です（51条）。

個別的自衛権とは、自国が攻撃を受けた場合に反撃する権利です。集団的自衛権については、細かいニュアンスの違いがありますが、日本政府はそれを「自国と密接な関係にある外国に対する武力攻撃を、自国が直接攻撃されていないにもかかわらず、実力をもって阻止する権利」としています。

(2) 日本国憲法9条1項の解釈

9条1項　日本国民は、正義と秩序を基調とする国際平和を誠実に希求し、国権の発動たる戦争と、武力による威嚇又は武力の行使は、国際紛争を解決する手段としては、永久にこれを放棄する。

ほとんどの国の憲法では、どういう場合に、どういう手続きで戦争を始めることができるか、そのルールや基本原則が定められています。戦争という国家権力の行使は、人権に致命的なダメージを与えるため、何にも増して憲法でコントロールする必要があるためです。

特に、先の戦争において近隣諸国で2000万人、国内で310万人もの方々を犠牲にした日本にとって、戦争へのコントロールは他国に勝るとも劣らない重要課題となります。国連憲章とほぼ同じ時期に定められた日本国憲法は、これをどのように定めているでしょうか。

9条1項は、「平和三原則」の第一として、戦争の放棄を定めています。具体的には、①戦争の放棄の消極目的と積極目的を宣言し、②放棄すべき「戦争」を拡張し、③そのような戦争のうち、直接には侵略戦争を放棄することを定めています。

■「戦争の放棄」の消極目的と積極目的

1項が戦争を放棄する目的には、消極、積極、2つがあります。

第二次大戦まで、日本は、世界から侵略的な好戦国だという疑惑の目で見られていました。このような負のイメージを払拭することなくして、国際社会の一員になることは困難でした。そこで、国の基本法である憲法で戦争放棄を宣言することにより信頼の基礎を築くことが、本条項の消極目的です。

この点を当時の吉田茂首相は、次のように答弁しています。

「日本が再軍備をして世界の平和を乱す、攪乱《かくらん》することの危険がありはしないか、これは連合国において最も懸念したところであります。……（そうだとすると）日本の国体、日本の国家の基本法たる憲法を、まず平和主義、民主主義に徹底せしめて、日本憲法が毫《ごう》（わずかの意）も世界の平和を脅かすがごとき危険のある国柄ではないということを表明する必要を、政府と致しましては深く感得したのであります」

（第90回帝国議会衆議院本会議昭和21〔1946〕年6月25日）

第二の積極目的とは、帝国憲法改正案委員会・芦田均委員長の答弁によれば、「国際連合自身も理想として掲げているところの、戦争は国際平和団体に対する犯罪であるとの精神を、我が国が率先して実現する」ことです（前掲本会議昭和21〔1946〕年8月24日の答弁）。

すなわち、本条項に「日本国民は、正義と秩序を基調とする国際平和を誠実に希求」するとしたのは、日本が世界に先駆け、平和主義をリードする国として積極的に行動し、率先して世界平和を実現する役割を担うことの決意表明です。前文第2項とあいまって、安全保障の手段として軍隊を持つ「普通の国」とは違い、軍事力によらずに安全保障を実現する哲学がここに示されているのです（積極的非暴力平和主義）。「個人の尊重」を最高価値とする立憲主義が、西欧近代憲法に共通する「人類の叡智」であるのに対して、ここで示される「積極的非暴力平和主義」は、「日本の叡智」というべきものです。

■放棄される「戦争」の拡張

1項によれば、放棄される第一は、「国権の発動たる戦争」です。これは、宣戦布告によってはじめる「通常の戦争」のことです。ただ、そのような戦争を禁止するだけでは、宣戦布告のない武力行使は許されるという解釈も可能になってしまいます。「不戦条約」（1928年）は戦争の違法化、すなわち戦争の禁止を各国に求める画期的な条約でしたが、そういう抜け道を抱えていました。

そこで第二に、放棄されるものを、「通常の戦争」だけでなく「武力による威嚇とその行使」に拡大しました。「武力による威嚇」とは、自国の主張を受け容れなければ武力を行使すると脅すことです。「大量破壊兵器の査察を受け容れろ、さもなければ軍事行動に出るぞ」というのは、まさに武力による威嚇の典型です。満州事変、日華事変、ノモンハン事件などは、「武力の行使」として禁じられることになります（以下「戦争」というときは、宣戦布告のある戦争、武力の行使、武力による威嚇を含めて用います）。

ただ、このように「戦争」を拡張して禁止（違法化）する点については国連憲章と変わるところはなく、現行憲法に特に先駆性があるわけではありません。

■侵略戦争の放棄

放棄されるべき「戦争」には、「国際紛争を解決する手段としては」という条件がついています。これは憲法学の通説では、侵略的な違法の戦争と読むことになっています。つまり1項は、侵略戦争を放棄する趣旨であり、自衛戦争や制裁戦争の禁止を含まないと解されているのです。

なぜそう読むのでしょうか。従来の国際法上の通常の用語例によると、「国際紛争を解決する手段としての戦争」とは、「国家の政策の手段としての戦争」、具体的には、侵略戦争を意味するからです。

もう少し具体的に言えば、国家間の紛争は、どちらの国家の主張が正当であるかによって解決方法を定めるべきものです。それには、両国の外交交渉とか、第三者の公平な判断を求める国際的な調停や裁判とかの方法があります。このように、正当な主張をもつ国家は、武力を用いないでも自国の主張を通すことができるたてまえになっているため、「国際紛争を解決する手段として」武力を用いる国は、不当な主張をもっているのが普通である。したがって、そのような武力の用い方は侵略的だということになるのです。

このように、1項が定めるのは、基本的には侵略戦争の放棄です。当時の日本が侵略戦争に訴えがちな軍国主義・国家主義の国であったことに照らせば、このことは画期的ではありました。ただ、侵略戦争の違法性は不戦条約も国連憲章も定めており、この点でも先駆性があるわけではありません。

（3）日本国憲法9条2項の解釈

9条2項　前項の目的を達するため、陸海空軍その他の戦力は、これを保持しない。国の交戦権は、これを認めない。

9条2項は、「平和三原則」のうち、「戦力の不保持」と「交戦権の否認」を定めます。具体的には、1項が定めた戦争放棄の消極・積極目的を達するために、①一切の戦力を放棄し、自衛戦争や制裁戦争を含め、一切の戦争を行わないことにし、②交戦権を持たないことにしました。この2項こそが平和主義を徹底するもので、世界の憲法に類を見ない先進性を示しています。1945年6月に署名された国連憲章では、戦争を原則違法化しましたが、その後に原爆が使われました。その惨状を知った日本が作ったものが9条2項です。侵略戦争は禁じるが自衛戦争は許すとする従来の考えをさらに進め、戦争の目的で規制するのではなく、戦争の手段である戦力を保持させないことによって一切の戦争を放棄することにしたのです。

■「前項の目的を達するため」とは

2項で、戦力を保持せず、交戦権を否認したのは、「前項の目的を達するため」だとされています。ここに「前項の目的」とは、1項で戦争を放棄した動機、すなわち、さきの消極・積極2つの目的を指します。すなわち、戦争放棄を憲法に記して日本の平和志向を世界にアピールし、かつ国際平和の実現に日本が率先して取り組んでいくために、戦争遂行の能力たる戦力を持たず、交戦権を否認した、というのが2項の趣旨です。

■戦力とは

「戦力」とは何でしょうか。

戦争をしないようにと戦力を持たないことにしたのだから、この点を徹底すれば、戦争に役立つ可能性のある一切の潜在的能力を「戦力」とすることになります。こう考えると、航空機（長距離旅客機）や港湾施設なども、有事の際に戦争目的のために使われる可能性があるため、「戦力」となってしまいます。しかしそこまで「戦力」として保持できないとなると、経済・社会の進展に適応できなくなるので広すぎるでしょう。

戦力を保持しないのは、「前項の目的」を達するためであり、それは戦争を放棄した動機である「積極・消極2つの目的」を指すのだから、「戦力」とは軍隊を指すと言うべきです。軍隊を持ちながら、平和国家をアピールしても世界からは信頼してもらえないし、また、国際平和の実現に率先して取り組むと宣言しながら、軍隊を持つのは矛盾しているからです。加えて、有事の際に軍隊に転化しうる程度の実力部隊も、軍隊に匹敵するので「戦力」と言えます。

同じく実力を行使する部隊に「警察」がありますが、違いは、第一に、組織の目的が、外敵からの国土防衛か国内治安の維持確保か、第二に、実力の内容がその目的を達するのに相応《ふさわ》しいかどうかによって区別されます。

このように、2項が一切の軍隊を持たないことにしたため、日本は軍隊を使った戦争をすることができなくなりました。すなわち、侵略戦争はもちろん自衛戦争も制裁戦争も含め、およそ軍隊を使った戦争はすべてできなくなったのです。それが「戦力の不保持」の意味です。不戦条約では自衛・制裁戦争は放棄されず、また国連憲章も、自衛戦争は認めています。2項はそれと異なり、戦力を一切持たないことにしてすべての戦争を放棄し、国連憲章などの世界水準を超えた平和主義を志向しているのです。

これに対して、自衛戦争は禁止されていないと考える少数の学者もいます（「芦田修正」とも呼ばれます）。「前項の目的を達するため」とは、「侵略戦争放棄という目的を達するため」という意味だとします。この立場は2項を、侵略戦争のための戦力を持たず、侵略戦争のための交戦権を放棄した規定だと限定的に解釈します。

しかし、自衛のための戦力と侵略のための戦力とを区別することは、実際には不可能でしょう。それでも区別できるとすれば、なし崩し的に戦力を持てるようになり、2項の意味がなくなってしまいます。また、憲法が何らかの戦争を予定しているのなら、戦争や軍隊を予定するまとまった規定があるはずですが、そのような規定はなく、せいぜい文民条項と呼ばれる66条2項の1条項にとどまります。

「前項の目的」とは、吉田首相と芦田委員長が答弁したところの戦争放棄の消極・積極両目的をいうと解するほかありません。

■自衛権

2項は、一切の戦力を持たないことにしていますが、自衛権自体を放棄したわけではないと解されています。自衛権とは、外国からの急迫または現実の違法な侵害に対して、自国を防衛するために必要な一定の実力を行使する権利です。この意味での自衛権は、独立国家であれば当然に持っている権利であり、日本国憲法も、このような自衛権まで放棄したわけではないとされています。政府見解によると、日本も独立国家である以上は、9条とは別に武力による自衛権を保持しているし行使できるということになります。

しかし日本の場合には、2項が「戦力」を持たないとしているので、軍事力によらない「武力なき自衛権」しか認められないと解釈するのが素直です。

■交戦権の否認

「交戦権」とは、国際法上はあまり使われない言葉であり、その意味は明らかではありませんが、国際法上、交戦国に認められている権利の総称だと解されています。具体的には、相手国兵力の殺傷および破壊、相手国領土の占領などをさします。敵兵を殺さない、敵軍事施設を破壊しない、敵国を占領しないことを憲法は求めているのです。

自衛権行使にあたって、相手国兵力の殺傷と破壊を行う場合、外見上は交戦権と同じ殺傷と破壊であっても、それは交戦権とは別の観念のものとするのが政府見解ですが、説得的とは思われません。

自衛権行使以外の場合に、たとえばＰＫＯ活動の際や外国軍隊の後方支援活動の際に自衛官が人を殺傷してしまった場合、国家の行為として交戦権を行使したとは言えないため、自衛官個人が日本の刑法で処罰されるか否かを問題にすることになります。これは自衛官にとっても大変不幸なことです。

■2項の先駆性

2項は、平和について世界の先駆になる仕組みと言えます。軍隊も持たず、自衛・制裁戦争までしないというのは、ある意味で非常識です。しかし、非常識を百も承知の上で、あえてこうした規定を置いたのです。

なぜ、戦争と軍隊を放棄する国が世界中で日本以外に現れないのでしょうか。それは、実現が大変に困難だからです。軍事力によらずに自分の国を守り、軍事力によらない国際貢献に徹することなど、やりたくてもそうできることではありません。

日本でこのような「非常識」を実現できたのは、太平洋戦争を含む十五年戦争の多大な犠牲があってのことでした。その犠牲を顧みて、軍事力では国民を守ることはできないと、日本は70年以上前に気がついたのです。戦争という手段に訴えても何も解決しないこと、軍隊を持つことは、攻撃の口実を与えてしまうためかえって危険であることを学んだのです。２０００万人を超えるアジアの人々を殺し、また、３１０万人の自国民の命を失い、加害者にも被害者にもなって、武力によって国民を守れると考えることこそ非現実的だ、と確信しました。真の安全保障と危機管理は、危機を避けること、つまり攻撃されない国を作る、攻められない国を作ることにあり、それが最も現実的な国防のあり方だと気づいたのです。

このような積極的非暴力平和主義は、ある意味で壮大な挑戦です。過去の侵略戦争の多くは「自衛」の名の下に行われました。この暴力の連鎖を断ち切って、真に平和な世界を築くためには、誰かがそれまでの常識を打ち破って第一歩を踏み出す必要があります。世界のどの国もやったことのない挑戦をするからこそ、私たちは、世界各国から賞賛され、国際社会で「名誉ある地位」を占めることができるのです。

（4）自衛隊の合憲性

自衛隊が憲法に違反するかどうかは、それが9条2項により保持を禁止される「戦力」に当たるかどうかという問題です。

■自衛隊違憲論

「戦力」とは、さきに説明したように、軍隊および有事の際にそれに転化しうる程度の実力部隊のことです。

そして、第一に、現在の自衛隊は、自衛隊法3条で「自衛隊は、我が国の平和と独立を守り、国の安全を保つため、我が国を防衛することを主たる任務」とすると記されており、その目的は、警察のような治安維持ではなく、国防が主たる任務だとはっきり書かれてあります。第二に、自衛隊の人員・編成方法・装備・予算等から判断すれば、外敵の攻撃に対して国土を防衛する任務を果たすことが可能な組織であると言えます。

そうだとすると、自衛隊は警察力を超えた「戦力」に当たると考えるのが自然です。また、自衛権行使にあたって生じる敵国兵士の殺傷は国の交戦権行使とみるのが自然です。したがって自衛隊の存在は憲法9条2項に違反します。

■政府の立場

これと異なるのは、政府の公定解釈です。

憲法制定当時は、あらゆる戦力の保持を禁止するのが9条の解釈だとされ、政府をはじめ大多数の政党、そして一般国民もこれを支持していました。

ところが、1950年に朝鮮戦争が勃発すると、アメリカの対日政策は急転し、日本の再軍備を求め、マッカーサーが警察予備隊設置の指令を発します。1952年、サンフランシスコ平和条約が発効し、日本の主権が承認されると、警察予備隊は改組されて保安隊となり、さらに1954年にはそれが自衛隊になりました。それに呼応して政府および国会の多数派は、「戦力」の意味に限定を加えはじめます。そして、同年の自衛隊法成立後、鳩山内閣は、「自衛権が否定されない以上、その行使を裏づける自衛のための必要最小限度の実力を保持することは、憲法上認められる」とする解釈をとり、以降の政府は、その理屈で自衛隊を合憲と解釈するようになります。

【平成30年（2018年）防衛白書「第Ⅱ部第1章第2節 憲法と防衛政策の基本」から抜粋】

1 ……もとより、わが国が独立国である以上、この規定は、主権国家としての固有の自衛権を否定するものではない。政府は、このようにわが国の自衛権が否定されない以上、その行使を裏づける自衛のための必要最小限度の実力を保持することは、憲法上認められると解している。このような考えに立ち、わが国は、憲法のもと、専守防衛をわが国の防衛の基本的な方針として実力組織としての自衛隊を保持し、その整備を推進し、運用を図ってきている。

2 ②憲法第9条のもとで許容される自衛の措置

この自衛の措置は、あくまで外国の武力攻撃によって国民の生命、自由及び幸福追求の権利が根底から覆されるという急迫、不正の事態に対処し、国民のこれらの権利を守るためのやむを得ない措置として初めて容認されるものであり、そのための必要最小限度の「武力の行使」は許容される。

この政府の公定解釈において、憲法が自衛権を否定していないことは、これまで見てきた憲法学界の通説と同じです。また、政府は「芦田修正」の立場に与するものでもありません。

しかし、「戦力」に至らない程度の「必要最小限度の実力」は、主権国家固有の自衛権として認められるとし、現状の自衛隊を「戦力」に至らない実力組織だとしていることは問題です。9条2

項は、戦力を保持しないとしており、自衛権の行使として認められるのは、軍隊によらない「武力なき自衛権」にとどまるはずです。「自衛権」が認められているからといって、自衛隊ほどの自衛力を「必要最小限度の実力」として憲法が禁じていないとするのは、憲法の真意を曲げる論理の飛躍です。また、必要最小限度の実力か否かの客観的基準はなく、必要な程度は国際情勢によって変化する。よって必要ならば小型の核兵器も憲法上は保有できるとしています。

■憲法学説における最近の合憲論

最近の憲法学説でも、政府とは異なるロジックで自衛隊合憲論をとる立場があります。以下の代表的な2つの合憲論は、現行憲法のまま改憲せずに、実力行使を個別的自衛権の範囲に封じ込める実践的意義をもち、安倍改憲への有力な反対勢力である点は評価すべきですが、憲法解釈論として私は与《くみ》することはできません。

①長谷部恭男教授の合憲論

長谷部教授は安全保障政策として、国民の生命・財産と国際の平和を守るために必要最小限度の実力の保持が許されると主張し、解釈論としても、現状の憲法9条のまま、専守防衛の自衛隊を持つことが可能であるとします。その際、憲法条2項が「戦力」の保持を禁止していることをどう解釈するのかが問題になります。この点、長谷部教授はこう指摘します。

「この穏和な平和主義（長谷部教授の立場――引用者注）は、憲法第九条の文言と衝突するのではないかとの疑問があるかもしれない。しかし、そうした疑問が生ずるのは、第九条を原理（principle）ではなく、準則（rule）としてとらえるべきだという、特殊な前提がとられているからである」（『憲法と平和を問いなおす』ちくま新書、2004年、171ページ）。そのうえで、「この条文が準則を示していると考えるべき理由は乏しい」として、「自衛のための最低限の実力を保持するために、この条文を改正することが必要だとはいえない」とするのです（同173ページ）。

9条を準則、すなわち、ある問題に対する答えを一義的に定める規則と捉えると、自衛隊は「戦力」として違憲にならざるを得ませんが、それは原理、すなわち「問題に対する答えを特定の方向へと導く力」にすぎないから、その答えは、「互いに衝突する複数の原理の調整から導かれる」のであり、文言に厳密にとらわれる必要はないとの趣旨と推測できます。

しかし、憲法解釈論としては、憲法の条文を原理とすることには慎重でなければならないでしょう。そうでないと、憲法の規範力を弱めることになるからです。また、第2節の安全保障論で述べたように、軍隊は直接に国民の生命・財産を守ることを任務にするものではありません。むしろ、非暴力の手段で国際平和を実現し、それにより国民の生命・財産を守ることが、憲法の求める「積極的非暴力平和主義」に基づく行動と考えます。

また、「立憲主義の立場と、ある特定の『善き生』の観念を貫くために、結果にかかわりなく絶対平和主義をとるべきだという立場とは容易に整合しない」という指摘もされています（前掲167ページ）。これを非軍事中立戦略への批判と置き換えてみると、個別的自衛権の行使すら否定することに対して、攻められても我慢しろ、大切な人を殺されても我慢しろという一定の価値観を押しつけるものだから、賛成できないということになるでしょう。

確かに価値観の強制はよくないことです。私も反対です。しかし、個別的自衛権の行使であっても、攻められたときに戦うのですから、その戦いで大切な人を殺されても我慢しろと言っていることになります。我慢の内容が違うだけであり、このときにも個人に一定の価値観を押しつけていることに変わりはありません。しかも、軍隊を持つのだから軍事費に税金を使い、主権者たる国民の意思に基づいて武力行使すなわち殺人をすることになります。自分が主権者である国には一切、戦争をしてほしくないと考える人に、必要な戦争もあると一定の価値を押しつけています。つまり、戦って守る専守防衛も、戦わずに守る非軍事中立戦略も、それぞれの立場に反対する国民にとっては、価値の押しつけであり本人にとっての善き生き方を我慢することを強制することになるのです。結局は、どちらの手法が国防としてより現実的であり、より被害が少ないのかという問題に帰着します。これを具体的に考えることが必要なのではないでしょうか。

私は殺すより殺されろという価値観を押しつけようとは思いません。殺されるリスク、被害がより少ない選択をしようというだけです。戦うことのみが犠牲を最小限にする手段ではないことを考えてみるべきでしょう。

②木村草太教授の合憲論
木村教授は、憲法13条後段に基づき、個別的自衛権を行使する自衛隊を合憲とします。すなわち、同条は、「国民の生命、自由、幸福追求の権利」が「国政の上で最大限尊重される」と定めている

ところ、「この『文言を素直』に読む限り、日本政府は、犯罪者やテロリストからはもちろん、外国からの武力攻撃があった場合も、国民の『生命』や『自由』を保護する義務を負っている。外国の武力攻撃を排除するには、外国に対する実力行使すなわち武力行使が必要になる場合もあろう」とされ、外国から武力攻撃を受ける場面では、この13条後段と武力行使を禁じる9条2項とのどちらが優先規定かという問題の立て方をされています。

そのうえで、内閣府やマスコミによる世論調査を分析し、「集団的自衛権の行使は違憲だが、個別的自衛権を行使するための自衛隊は必要であり、かつ、憲法9条の改正は必要ない――と考えるのが、国民の多数派である」とし、「『憲法13条で、憲法9条の例外が認められる』という解釈は、憲法の文言の『素直』な理解であり、帰結も『自然』である。また、多くの『国民の理解』もある」と結論づけます(「いまさら聞けない『憲法9条と自衛隊』」講談社『現代ビジネス』2016年7月2日掲載。https://gendai.ismedia.jp/articles/-/49041　なお、13条を根拠に国の防衛責任を導く立場として、古くは田上穰治「主権の概念と防衛の問題」『日本国憲法体系2』〔有斐閣、1965年、71～106ページ〕があります)。

しかしこれに対しては、樋口陽一博士の次の指摘が説得的です。すなわち、「この説明は、たしかに、近代立憲主義のもとで、また、近代立憲主義の原理に関連づけて武装・軍備の根拠を実質的に示そうとする場合に、唯一可能な説明方法であろう。それゆえ、この説明は、戦力不保持規定をもたない国の、軍事力の実質的根拠としてならば、成立できるであろう。(中略)しかし、日本国民は、みずからの生命・自由・幸福追求、もっとひとことで言えばみずからの個人としての尊厳を確保するために、その戦争経験に基づいて、あえて、九条を日本国憲法のなかに規定したはずである」（『注釈 日本国憲法 上巻』青林書院新社、1984年、174～175ページ、樋口執筆）とします。すなわち、9条の存在自体が、13条の自衛権論によって外国からの武力攻撃を排除するための武力行使を根拠づけることを否定したもの、と見なければならないのです（同旨。芦部信喜『憲法学Ｉ』〔有斐閣、1992年、266ページ〕も、そのような解釈を「不可能」としています）。

13条は国家に対して、国民の幸福追求権を侵害することを禁じている自由権規定であり、社会権規定のように国家に幸福追求権を実現する作為を義務づけているものではありません。仮に国民の幸福追求のために国家はどんな行動をとることも許されるというのであれば、国民の幸福追求のために、海外での軍事行動も許されることになってしまいます。自存自衛のための戦争すら国民の幸福追求のためとして肯定されることになるでしょう。日本を取り巻く安全保障環境の変化によって、国民の幸福追求のために必要だからという理由で、集団的自衛権行使容認の閣議決定や法律制定が行われました。これでは自衛権行使に何の歯止めもかけられず明らかに9条に違反します。国家に国民の幸福追求を支援する責任があるとしても、あくまでも憲法9条の枠内でそれを実現することを憲法は要求しているのです。13条があることは、戦力を持つことの決定的な理由にはなりません。

■自衛隊の合憲性に関する判例

自衛隊の合憲性について、最高裁判所は未だ正面から判断したことがありません。

①恵庭事件

北海道の恵庭町（現・恵庭市）にすむ酪農家の兄弟が、自衛隊の実弾演習のせいで乳牛がストレスを受けて、牛乳生産量が落ちたため、実弾演習の際には事前に連絡するよう約束しました。しかしそれが破られたことから、自衛隊の通信線を切断し、「防衛の用に供する物を損壊」（自衛隊法121条）したとして起訴されたのがこの事件です。弁護人は、自衛隊は憲法9条に違反しており、自衛隊法121条も違憲であり無効なので無罪だと主張して、自衛隊の合憲性に関する判断を求めました。

しかし札幌地裁（昭和42〔1967〕年3月29日）は、通信線が「防衛の用に供する物」に該当しないから無罪だとし、そうである以上、憲法問題に判断を行う必要がないとの判決を言い渡し、その判決が確定しました。

②長沼事件

防衛庁（現・防衛省）が北海道長沼町の山林にミサイル基地を建設しようとしたところ、その山林は保安林とされており、そのままでは建設ができないため、農林大臣は保安林指定解除処分を行いました。これに対して基地建設に反対する地元住民が、その解除処分によって洪水の危険にさらされていること、そもそも自衛隊は憲法9条に違反することを主張して、解除処分の取り消しを求めて争った事件です。

一審の札幌地裁（昭和48〔1973〕年9月7日）は、自衛隊が憲法9条の「戦力」に当たるから違憲であるとしましたが、控訴審（昭和51〔1976〕年8月5日）は、防衛施設庁が代替施設としてダムを建設したことにより、洪水の危険はなくなったから、「訴えの利益」（裁判で救済する必要性）がなくなったと判断。さらに自衛隊の合憲性については、それは統治行為の問題であり、一見極めて明白に違憲、違法とは言えなければ、司法審査を行わないとしました。

最高裁判所（昭和57〔1982〕年9月9日）は、訴えの利益がないとして原告の主張を斥《しりぞ》け、自衛隊の合憲性には何ら触れませんでした。

③百里基地事件

自衛隊基地の用地の売買契約について、自衛隊が憲法9条に違反し無効である以上、契約も無効だとして争われましたが、最高裁判所（平成元〔1989〕年6月20日）は、売買契約のように国が私人と対等の立場で締結する私法上の契約は、特段の事情がない限り、憲法9条の直接適用を受けず、民法など私法の適用を受けるにすぎない、としました。

4　非軍事中立戦略から見た自衛隊憲法明記の弊害

安全保障論に関する3つの立場（第2節）について、9条改憲に賛成か反対かを整理すると、①非軍事中立戦略は改憲に反対であるのに対して、③集団的自衛権の行使を認める自民党案は、法論理的には改憲に賛成することになります。②専守防衛論の立場は賛否が分かれます。一方で自衛隊を憲法に明記して軍事力を統制すべしとする立憲的改憲の立場は、自民党案とは異なるでしょうが改憲には賛成し、他方で、個別的自衛権のみ行使できる自衛隊を現行憲法のままで合憲とする立場（長谷部教授など）は改憲に反対するようです。

本節では、改憲に賛成する立場に対して、いくつかの観点から、自衛隊を憲法に明記することによる弊害について問題提起をしたいと思います。

(1) 自衛隊違憲論の立憲的意味

改憲により自衛隊の合憲性を憲法に明記すれば、自衛隊違憲論の〝立憲的意味〟を捨て去ることになります。

現行憲法には、自衛隊の定めがありません。そのため、自衛隊は違憲かもしれないと憲法学者から指摘を受けてきました。これにより、自衛隊の活動は、自衛のためか、必要最小限かが常に問われ続けました。その結果、戦前のような武力侵略や軍事優先の政策、ひいてはそういう社会的ムードの醸成や反戦思想の取り締まりに対する歯止めとなり、自由な社会の下支えをしてきたのです。これを「自衛隊違憲論の立憲的意味」と私は呼んでいます。もし自衛隊を憲法に明記し、そうした緊張関係をなくしてしまえば、立憲的意味は捨て去られ、国が自衛隊を利用する自由度が一気に広がることでしょう。

このような批判に対しては、自衛隊を憲法に明記したうえで、それを国会などが民主的に統制してはどうかという意見もあります。自民党案第2項もそれを意図したのかもしれません。しかし、文民統制が現実的でないことは、先に述べたとおりです。今日の複雑化した軍事に関する専門知識、情報量は、政治家と軍人とで各段の差があり、政治家の軍需産業への配慮も無視できません。文民が絡んだくらいで軍隊を現実に統制できるはずはないのではないかという懸念を払拭できないのです。ドイツのように厳格な民主的統制を伴った軍隊を設けるのではなく、あえてその存在を否定した日本の過去の歴史と実態を踏まえながら冷静に考える必要があります。

秘密保護法による情報の統制、公文書の隠蔽、廃棄、改ざんのおそれが日常化しつつある国会審議を再び思い起こしてください。しかも、安倍政権では、官邸が党の公認権をたてに、与党議員による異論を封じることが常態化しており、与党内からの反論も期待できません。国会による統制は幻想と言わざるを得ないのが目の前の現実です。

ともかく、武力を行使する権限を実力組織としての自衛隊に憲法で付与するのであれば、これを統制する実効的な手段を併せて規定しなければ、権力を制限する憲法としての意義が失われてしまうでしょう。歴史的には、王権と軍事力の統制が立憲主義の課題であったことを思い起こせば、武装集団を統制する方法を真剣に議論しないままの自衛隊明記は非立憲的と言わざるを得ません。

(2) 軍事力の拡大

特に自民党案では、軍事力拡大への歯止めが効かなくなります。

まず、法の世界には「後法は前法を破る」というローマ法以来の法原則があります。したがって、前法である9条1項、2項をそのまま置いておいたとしても、後法である9条の2が優先することになります。あたかも9条の2によって9条が書き換えられたのと同じ効果を持つのです。すなわち、新条文は、ここで明記された自衛隊に対しては、9条2項の適用除外規定として働くことになり、戦力の不保持・交戦権の否認は自衛隊に及ばないと考えることもできてしまうのです。

しかも、自民党案は単に自衛隊を憲法に明記するのみではありません。9条の2の第1項前半で、「国及び国民の安全を保つために必要な自衛の措置をとることを妨げず」と規定していますから、自衛隊の活動範囲の拡大に限らず、国はあらゆる必要な措置を自衛の名目でとれることになります。たとえば、海上保安庁なども武力を行使し交戦権を行使できるでしょうし、生命の安全、エネルギーの安全、食の安全等、「国民の安全」のためという名目で戦争したり、あらゆる人権を制約したりすることもできるようになるわけです。

（3）国防国家への傾斜

自衛隊が憲法に明記されることにより、国防国家化が進行します。

まず自衛隊が主権者の意思で国会・内閣・裁判所・会計検査院と並ぶ憲法上の組織に格上げされることにより、強い民主的正統性を背景に、これまでにない高い権威と独立性を持ちかねません。憲法改正には、国民投票で過半数の賛成が必要であるため、自衛隊が憲法に明記されたということは、日本国民が自衛隊という武装集団に、国民投票という直接的な意思表示によって民主的正統性を与えたことになるからです。

これを受けて政府は、自衛隊をしっかりしたものにすることが国民の期待に応える責務だとして、自衛隊の活動範囲を広げ、防衛費を増やし、軍需産業を育成し、武器輸出を推進し、自衛官の募集を強化し、国防意識を教育現場で強制し、大学等の研究機関に対して学問技術の協力を要請するなどしていくことでしょう。これまでの極めて抑制的な自衛隊から大きく様変わりすることになります。高度国防国家へと進む可能性が極めて高くなると言えます。

小中高の教室で制服を着た自衛官が国防や安全保障の授業をしたり、Ｊアラートがなったときの避難訓練を自衛官が指導したりするようにもなるかもしれません。元陸上自衛隊幕僚長の冨澤暉《ひかる》氏は、「自衛隊がやるのは武力行使です。武力というのは逮捕ではなくて、相手を殺すことです」と述べています（自衛隊を活かす会編著『新・自衛隊論』講談社現代新書、2015年、41ページ）。警察官と異なり、武力の行使（人を殺すこと）の訓練をしている制服を着た自衛官が町中を闊歩《かっぽ》する社会。このような自衛隊の強化は、まさに国民の期待に応えたものだとされ、こうした事態を誰も批判することができなくなり、市民間では、批判する人が非国民呼ばわりされ、糾弾される風潮も出てこないとは限りません。自衛官犠牲者は靖国神社に合祀され、政治家のみならず国民の参拝も奨励されるようになるかもしれません。

政府ではなく市民相互の罵《のの》り合いによって、異論、反論を許さない社会が出来上がっていくのは想像するだけでも恐ろしいことです。こうして軍国主義の社会に傾斜していくのです。国難においては非国民的言動を封じることこそ正義と吹聴され、誰もが良かれと思って石を投げはじめるのです。

国内だけでなく、国外からも、日本が「軍隊」を持ったと認識され、中国や韓国などの近隣アジア諸国、イスラム諸国から、軍隊を持つ普通の国防国家だと見られることでしょう。これを負の宣言的効果と言います。

私には、「平和国家」というブランドをそんなに簡単に放棄してよいとも、国民の多数がそんな国を望んでいるとも思えないのです。

（4）国防目的による人権制約へ

自衛隊が憲法に明記されることにより、国防目的の人権制約が容易になります。

特に、自民党案は、1項で「国及び国民の安全を保つために必要な自衛」と記しており、これが憲法に取り込まれれば、憲法自体に初めて、「国防」を意味する概念が明記されることになります。それにより、憲法自身が「国防」を価値あるものと認めたことになるのです。その結果、国防の名のもとに、思想が統制され、言いたいことが言えず、学問研究や宗教も国防の犠牲になり、国防のために逮捕・勾留される等々、軍のために人権が抑圧される国へと向かうことでしょう。象徴的には徴兵制が可能になります。運輸、土木建築、軍事技術、ロボット・サイバー技術、医療など多くの分野での徴用も可能です。

特に徴兵制は、これまで「意に反する苦役」を禁じる憲法18条違反として違憲と解釈されてきましたが、国防が憲法上の要請となると、国防のためにこの18条の制限が許され徴兵制が可能となります。男女平等ですから、ノルウェーのように、女性も徴兵の対象となりえます。実際、仏マクロン大統領の徴兵制検討発言やスウェーデンでの復活に見られるように、徴兵制を再評価する兆しがあります。

少子化に拍車がかかる日本においても、若者に国防、安全保障意識を持たせ、軍隊、戦争への抵抗感をなくさせ、国家的一体感を醸成するための徴兵制は十分に予想されることです。2週間ほどのサマーキャンプの体裁をとり、午前中は座学として戦史を学びながら愛国心、国防意識を醸成され、午後は体験学習として戦車試乗やライフル射撃訓練を行うのです。しかも政府は、徴兵制という言葉は使わないでしょう。「ふるさと守る体験学習」「助け合い技術習得訓練」等、柔らかな言葉を持ち出して、ことの本質を隠蔽するはずです。武器を防衛装備品と言い換えるのと同じごまかしです。

こうして見ると、自衛隊を憲法に明記することは、何も変わらないどころか、国のかたちを軍事国家へと変える大きな危険をもちます。それが目指すべき日本のかたちだというのが国民の合意なら、それはそれで仕方がありません。しかし、ウソをつかれたままで、後になって、思っていたのと違う国になってしまったと後悔しても手遅れです。

(5) 自衛隊の憲法明記を議論する際に注意すること

自衛隊の憲法明記を議論する際、注意するべきことが2つあります。

1つは、明記される「自衛隊」がどういうものかを知ることです。

それは、災害救助ではなく、「我が国の平和と独立を守り」「我が国を防衛することを主たる任務」とする自衛隊であり（自衛隊法3条1項）、そのために、人を殺害することも含め、「必要な武力を行使する」ことができる組織です（自衛隊法88条1項）。

しかも、それは個別的自衛権の行使のみが許された、専守防衛のかつての自衛隊ではありません。

集団的自衛権の行使として海外で武力を行使し、他国軍隊と一体化して海外で兵站《へいたん》活動をする、新安保法制下の自衛隊です。災害救助で活躍しているのに、違憲というのは自衛官がかわいそう……。そういう感情で判断してよい問題ではないのです。

さらに、その本来の任務は、国土防衛であり、国民保護ではありません。誤解を恐れずに言えば、自衛隊の任務は国民を守ることではなく、あくまでも国の独立を守ることにあることは、世界の軍事の常識と言ってよいと考えます（第2節（1）参照）。このことは、自衛隊明記の議論の前提として国民で共有しておかなければなりません。沖縄戦からの教訓を語るまでもなく、そもそも軍隊はときに国民を犠牲にしてでも国家を守るために武力を行使する組織なのです。

注意すべき2つめとして、現状を法に書いただけで社会が激変した例を紹介します。

1999年の国旗国歌法の制定です。それまで法的な根拠がなかった日の丸、君が代を国旗、国歌として明記するというだけの、たった2条からなる法律です。国民になんらの義務を課すものではありません。法の成立にあたって出された総理大臣談話もそう明言していますし、文部大臣談話では「学習指導要領に基づくこれまでの指導に関する取扱いを変えるものではありません」と述べていました。

しかし、何も変わらないはずの日本社会は大きく変わっていきました。法制化後、わずか数か月で、ロック歌手忌野清志郎のロック調「君が代」を収録したアルバムをレコード会社が自主的判断によって発売中止にしたり、大相撲で優勝した力士に対してNHKアナウンサーが君が代を歌ってほしいと言ってみたり、岐阜県知事は国旗国歌を尊敬しない人は日本国籍を返上するべきだと言ってのけるなど、君が代・日の丸の押しつけが姿を現していきました。

もちろん法がそんなことを求めているわけではないのです。しかし、国民の中に君が代を茶化すようなことは不適切だし、日本国民たるものは尊重するべきだという風潮が広まっていきました。そして、教育現場での公立学校教員への起立・斉唱・ピアノ伴奏の強制も職務命令という形で浸透していきました。これこそが、現状を法に書くことの効果なのです。

自衛隊明記に際しても、「愛国心があるのか」「自衛官が可哀想」「自衛官に失礼だ」「非国民！売国奴！」等、様々な感情的な言葉が言論の自由という名の下で飛び交い、言葉狩り、ネットでの炎上も仕掛けられていくかもしれません。力によって人をねじ伏せ、寛容性に欠ける社会、異論・反論を許さない社会は、軍隊や戦争と親近性があるのです。パワハラ・セクハラなどの理不尽な力の横行や、ヘイトスピーチなど排外主義的言動もけっして無関係ではありません。

私たち自身が、どのような社会が理想か、日本をどういう国にしたいのか、世界の中でどのような地位を占めたいのかをしっかりと主体的に考えていかなければならないのだと思います。

第2章 憲法学は何を主張してきたか

神原 元

1　はじめに

憲法改定、とりわけ9条の改定が取りざたされる中、憲法9条の平和主義の真価が改めて問われています。

憲法9条の「平和主義」に対して異論を唱える人はいないでしょう。激しく議論されるのは、9条2項が「一切の戦力はこれを保持しない」と定める点です。

この条文をそのまま読めば、現行の自衛隊は違憲であり、直ちに廃止しなければならないことはもちろん、日本は永久に軍隊を保持してはならず、敵国の侵略に対しては、無抵抗で降伏しなければならないということになるはずでしょう。実際、戦後多くの憲法学説は自衛隊は違憲であると論じてきたのです。

これは無責任ではないか。国民の生命を守るのが国家の役割であり、国民がむざむざ敵国の軍隊に殺されるのを黙って見ているのが憲法の立場であればそれはおかしい。そのような疑問が憲法9条に向けられてきたのはむしろ当然かもしれません。

他方、憲法9条を守ろうとしてきた護憲派に対しては、右に加えて、近時、次のような批判もあります。すなわち、護憲派は、実は本気で9条を守ろうとはしていない。護憲派が守ってきたのは9条の条項だけであって自衛隊や安保条約には反対してこなかった。このため現実と9条との間に乖離《かいり》が生じ、「憲法により国を統治する」という立憲主義が破壊された。このように主張する論者は、「護憲派こそ壊憲派だ」とまで主張するのです。

果たしてそうなのでしょうか。

本章では、これらの疑問や批判に憲法学がどう答えてきたのかを検討します。結論から先に言えば、憲法学は、軍隊によって国を守ろうとする考え方は、現代戦争に極めて不適な、日本では愚策と言うべきであり、また、日米安保条約の強化は我が国の独立を損なうだけでなく、自国に無関係な戦争に我が国を巻き込むおそれがあって、我が国の国益に反すると主張してきました。そして、憲法学は、自衛隊の大幅な縮小もしくは廃棄と、日米安保条約の廃棄を主張してきたのです。

以下では、9条に関する代表的な憲法学説として、1975年に発表された小林直樹教授の「憲法九条の政策論」、1987年に公表された深瀬忠一教授の「総合的平和保障基本法試案」、ポスト冷戦期にあたる1997年に公表された水島朝穂教授の「自衛隊の平和憲法的解編構想」を紹介します。

その後、これらの構想が、2018年の現在において有効性を持つかについて自説を述べます。これも、結論から言えば、これらの構想の基本的な部分は、現在に至るまで有効性を持ちうるのであって、少なくとも今後の防衛構想の中の有効な選択肢の一つとして検討され続けられるべきであると考えます。そして、これら憲法の理念に即した防衛構想こそ、憲法9条を亡きものにしようとする改憲の動きに対して、もっとも有効な対抗策となりうると信じるものです。
以下、順に論じます。

2　小林直樹教授の「憲法九条の政策論」(1975年)

小林直樹教授は1921年に長野県に生まれ、1946年に東大法学部を卒業しています。小林教授の『憲法第九条』(岩波新書、1982年)は今でも書店で手に入る好著ですが、その序文にはこうあります。

「M君〔第二次大戦時の旧い戦友〕
前から話していた僕の『憲法九条論』が、やっと出来あがった。拙い小著だが是非一読して、君の感想を聞かせてくれたまえ。(中略)この本の原稿を書きながら、君とも一緒に味わった旧軍隊の辛い日々を想い起したり、死んでいったたくさんの友達の顔を時折まぶたに浮べたりした。どちらも僕らの青春時代に刻みこまれた深い傷痕だが、いまの防衛問題を考えるうえで、本質的なことを示唆してくれたとおもう。」

このように、小林教授の所説の背景には、小林教授が兵士として送った厳しい戦争体験がありま す。そこで、小林教授の説は、これから述べるところからもわかる通り、現実に対する楽観主義よりは悲観主義に拠っており、その結果としての徹底したリアリズムに基づくものとなるのです。

現在小林教授の所説を知る本としては、岩波新書の『憲法第九条』がありますが、教授の思考過程を正確にたどるため、ここでは、これに先行して１９７５年に発表された「憲法九条の政策論」（以下、「政策論」と言います）に基づいて論述を進めます。

■「憲法九条の政策論」が書かれた頃の状況

「政策論」は、１９７５年10月に「法律時報」紙上において発表されました。１９７５年はベトナム戦争が終結した年で、アメリカとソ連という2つの超大国が核兵器を突きつけながら睨《にら》みあう冷戦の最中でした。

「政策論」は、最初に、憲法9条をめぐるこれまでの論議が解釈論や理念論とこれに反する現実の分析と評価に終始してきたと述べ、憲法9条のもとで考えられる日本の安全保障の方式について、若干の例外を除き本格的なものは見当たらないという状態は「憲法学者の怠慢と呼ばれても仕方がない」と主張します。現代では憲法学者が政策論や立法論を述べることは珍しくないのですが、当時は非常に珍しく、この論文は例外的なものであったことが知られます。

「政策論」は次に「現代の『国防』政策には、新しい『哲学』が必要である」と述べ、その理由として3点をあげます。第一に軍事技術の発達、第二に地球の大量汚染、第三に人口の増大と資源の逓減《ていげん》です。特に、第一の点を強調して、こう述べます。

「『核』に象徴される現代の軍事技術の発達は、オーバー・キルの能力によって、在来の戦争目的の意味をほとんど失わしめるにいたった。『核』の全面廃棄が実現されるまで、現代人は、各国家の存立どころか、人類自体の自己壊滅の可能性から免れない事態に置かれている。」

この核戦争の脅威に対する危機感こそ「政策論」を貫く一貫した問題意識であると言っても過言ではありません。実際、米ソ冷戦時代、米ソはそれぞれ人類を絶滅させかねない量の核兵器を持ち、それらを大陸間弾道弾（ＩＣＢＭ）に搭載して睨みあっていました。『風が吹くとき』（レイモンド・ブリッグズ、１９８２年、イギリス）のような漫画もヒットし、核戦争で人類が滅亡するというシナリオは、市民の間で、かなり現実的なものと受けとめられていたのでした。

■「国防」の目的とは何か

次に、「政策論」は、国防の目的は何かを論じます。

「政策論」は言います。防衛論の核心であり出発点であるのは「何を・何から」守るのかという問題である。ところが、歴代の首相は「国を守る気概を持て」と言いつつ、具体的な意味を説明してこなかったと。

「政策論」によれば、「国を守る」という場合の「国」の内容として、しばしば、①主権（対外的独立と民族の自決）、②統治（政治）体制、③領土、④国民の生命・人権、⑤文化ないし生活様式、⑥国家的利益ないし国家目標が挙げられているという。そして、「政策論」は、「国民の生命と人権を守ることが、防衛の最優先目標とされるべきである」として、その理由を次のように記載します。

「独立や自由は、仮りに奪われることがあっても、民族が生きていればいつかは回復できるであろうが、絶滅（もしくはそれに近い状態）のもとではその可能性はありえない。民族の決意によって、〝屈服よりも死滅を選ぶ〟場合がありうるにしても、稀有の例外を除けば、国民（民族）の生命を防衛目的の第一順位に置くことは、大方の国民が賛意を表するところだと思う」

「政策論」が次のように断じている点は、極めて重要です。

「厳しい状況のもとで、万一にも国民の大多数者の生命と、主権や体制原理とのどちらを選ぶべきかという選択に迫られることがありえよう。そういう場合には、後者を犠牲にしても前者を守るというのが、先に示した優先の原理である」

つまり国民の生命を守るためには、あえて主権や政治体制（これには民主主義体制も含まれます）を放棄すべき場合があるというのです。

現代防衛論批判

「政策論」は次に現代防衛論に対する批判に取り掛かります。

まず、先に挙げた意味の「国」の存立を侵害する現実的な脅威は、どのようなものであるか。「政策論」はこれを5つに分類します。すなわち、①全面核戦争、②限定的核戦争、③非核兵器を使用した全面的侵略、④非核兵器による部分的侵略、⑤内乱・革命による武力的援助。

このうち、①②について、現実の我が国の防衛体制は、「核兵器の脅威に対してはアメリカの核抑止力による」というだけで具体的になんの方策も考えられていないと批判します。彼らが頼みの綱とする「核抑止力」もきわめて脆《もろ》いバランスの上に立っており、「敵意に燃えた対立国間の緊張の高まりや、偏執的な独裁者の気分いかんによって、核戦争が始まる公算は相当大きくなる」にもかかわらず、「どのようにして核戦争から国民を守るかを考えないような防衛論は、現実主義的であるどころか文字どおりナンセンスである」と厳しく指弾するのです。

「政策論」は、次に、仮想敵国とされるソ連・中国・北朝鮮がどういう必要があって、先の③④⑤の侵略行為に出るか、現実に考えてみるべきだとし、(i)資源の乏しい日本に天然資源を求めて侵略する可能性、(ii)人的資源を求めて侵略する可能性、(iii)工業力を求めて侵略する可能性、(iv)軍事基地として日本列島を占領しようとする可能性をそれぞれ検討して、いずれもその可能性は極めて低いとします。しかし、「侵略の蓋然性《がいぜんせい》が少ないとしても、(中略)〝万一に備える準備が必要だ〟という『現実主義』者たちの主張に、私も賛成する」として、次に、日本の「国防の基本方針」すなわち、「侵略に対しては、『米国との安全保障体制を基調としてこれに対処する』」という考え方、日米安保体制についての検討に入っていくのです。

■日米安保体制批判

「政策論」は、現在の国防方針を、（i）国には自衛権があり、（ii）通常兵器による局地戦に対して対処する体制は不可欠、（iii）専守防衛の限度を超えない限り他国の脅威にならず、（iv）核戦争及び大規模侵略の排除のためにはアメリカの軍事力に依存する、（v）アメリカの核の傘は核戦争の抑止力となるし、大規模侵略についても、所要期間持ちこたえれば米軍の支援に救済される、という方針であると整理します。

では、そもそも日米安保体制が日本の独立と平和を守るのに、有効に機能しうるかどうか。「政策論」は「その答えは『否』としか出ない」と断じます。すなわち、「日米安保条約によって米軍基地を設置している日本が戦争にまき込まれたとき、特に相手がソ連である場合、核攻撃を免れる公算はむしろ少ないと見ておくべきであろう」。日本の主要都市が核ミサイルの攻撃にさらされたらどうなるか。「運よく人口の半分位が生き残れたとしても、工業地帯や都市部を一掃され生活の基盤を失ったあと、汚染された国土の上にどうやって生きてゆくことができようか」。仮にその後米軍が駆けつけたとしても「日本防衛の意味はすでに失われているであろう」というのです。

通常兵器による戦争の場合であっても、「航空自衛隊は開戦後一時間、海上自衛隊も、陸上自衛隊も組織的戦闘は三、四日しかできない」と推定される状態で、米軍の支援を待つ間もなく、軍事的抵抗の主軸はなくなってしまうとします。さらに、仮に米軍が支援に駆けつけたとしても太平洋沿岸の工業地域が無傷で済むのはまったくの幻想であり、石油や食糧を海外にあおいでいる日本が、海上輸送を寸断された場合、国民はどうやって生きていけるだろうかと。さらに、アメリカが「誠意」をもって数十万の軍隊を送ってきたとしても、「戦場とされた日本の国土と国民が守れないことは、これまたヴェトナムの教訓が如実に示しているところである」。

こうして、「政策論」は日米安保体制について、次のとおり断じます。

「『在来型の局地戦』以上の規模の戦争はアメリカに依存するという方式は、一定の（しかも、おぼつかない）抑止力を別にすれば、真の意味での日本防衛には役立たないというのが、冷静な推理の結論になろう。」

さらに「政策論」は日米安保体制には内在的に次の問題点があると指摘します。

第一に、日米安保の最大の矛盾は「自主防衛」ではなく「他主防衛」になるということ。すなわち、日米安保体制のもとでは、自衛隊はアメリカの極東戦略の一環に組み入れられ、いざとなれば、米軍が指揮命令系統を握ることになり、日本の自主性は放棄せざるをえないということである。

第二に、アメリカだけは仮想敵国から永遠に除外され、したがって、アメリカからの無理難題にはすべて応じざるを得ない構造になっていること。

第三に、実際の有事の際には、日米同盟は日本の安全を確保する上であまり役に立たないだけではなく、米軍基地を日本国内に置くことによって、逆に敵国に日本本土攻撃の動機と口実を与えるということ。

第四に、安保条約の帰結として、日本が自国の防衛と関係のない戦火にまき込まれる惧《おそ》れがあること。

以上の点から、「政策論」は、日米安保体制に対して、「廃棄の方向で振り出しから根本的に検討され直さなければならない」と厳しい診断を下すのです。

■自主防衛論の虚妄

さらに、「政策論」は「自前の軍備を強化して侵略に備えるべきだ」という「自主防衛論」にも批判を加えます。

まず、核戦争に対して自衛隊が防衛能力を持たないことは明らかであるとします。そして、核を用いない在来型の侵略に対しても、「日本の地政学的条件は、現代戦にははなはだ適していない。〝縦深〟がないことは、ミサイルや飛行機の攻撃に脆弱《ぜいじゃく》であるだけでなく、海からの攻撃にも不利である。とくに、重化学工業を中心とする太平洋岸の工場地帯や超過密のメガロポリス等は、砲爆撃の絶好の目標となろうし、その有効な防衛はほとんど不可能に近い。」「陸上はどうか。（中略）〝一個師団受持正面一五以下〟とすれば、一三個師で二六〇キロ――陸自の全師団を一線だけに並べても、東京―浜松にも及ばない距離にしかならない。」「同じ計算でゆくと、一〇倍の戦力をもってしても、本格戦争で自力の防衛を達成することは不可能であろう」というのです。

さらに、仮に力の真空状態を作らないために抑止力が必要だという立場にたっても問題が残ると言います。第一にどの国に対しても抑止力を持とうとすれば、兵器の国産に至るまで完全自立をはかり、高額の軍事費を負担することになるが、これは必然的に国の財政を圧迫し、国民生活に欠くことのできない教育費や福祉費にも重大な影響を及ぼさざるを得ない。第二に強大な自主防衛の体制は膨大な人員の調達を必要とし、現状26万の自衛隊すら常時欠員が生じている現状に鑑みれば、徴兵制でも取らない限り人員調達が図れない。第三に自前の軍備のために必要な兵器生産の拡大は、いわゆる軍産複合体を作り出しやすく、民主主義を脅かす。第四に、そうでなくとも強大な軍事機構の形成は、軍部によるクーデター等、軍人による武力による体制転覆の惧れが生じやすく、民主主義を脅かす。

以上の理由から、「政策論」は次の診断を下すのです。

「これらを総合して考えると、自主防衛論は——その真剣な意図はよくても——有効性の乏しさ、実現の難しさ、危険の大きさなどのゆえに、支持しがたいといわなければならない」

■非軍事による国防

以上のとおり、日米安保体制も自主防衛体制も「非現実的」として退けた「政策論」は、これに替わる「非軍事による国防政策」を提示します。すなわち、①永久中立の宣言、②中立不可侵条約の多角的締結、③アジア地域における集団安全保障条約の模索、④国連警察軍強化、⑤多角的な平和外交と軍縮促進運動です。これらの方式は、仮想敵を作らないから、どの国も刺激せず、善隣外交を通じて紛争の原因を解決し、アジア地域に安定空間を広げることができるとともに、軍事費という巨大な不生産的費用を不要にし、国民の福祉・教育に力をそそぐことによって、豊かな民主主義社会を建設することができるというのです。

非武装中立論に対する不信や非難は、主として「力の論理の信奉とそれに基づく『現実主義』観」から出ているが、この〝現実主義〟は、さまざまな「神話」に立脚していると、「政策論」は言います。すなわち、①日本の地理的条件を熟知しながら超大国を相手に現代戦を戦って「国を守る」ことができるという神話、②アメリカの核の傘に入っていれば仮想敵国からの核攻撃は抑止できるという神話、③在来型の戦争なら自衛隊が1〜3か月持ちこたえれば米軍が駆けつけ、必ず撃退してくれるという神話です。「政策論」はこれらを「正気を疑わしめる」として退けます。

さらに、「力の論理の信奉者は、国の安全を強者との提携(または癒着・依存)に求めることによって、力関係が変化した場合、自己喪失者の陥る悲劇を免れない」と言います。たとえば、仮にアメリカの軍事的優位が覆った場合、日米安保論者は、安全のためにそれまでの仮想敵国と同盟を結びなおすのか、それとも敗北と壊滅を覚悟して最後までアメリカと付き合うのか、という選択に迫られるからだというのです。

そして、以下の理由をあげて、軍事方式より非武装方式のほうが合理的だという結論を下します。

「武装・非武装をとわず、『現在世界では一〇〇パーセント確実な安全保障の方式は存在しない』のだが、それだけにまず、軍事的抑止が破れた場合(つまり戦争時)の国民生活の防衛を念頭におくことが、決定的に重要であり、そしてその場合の安全確保の有効性という点では、非武装方式に軍配を挙げないわけにはいかないだろう。」

その後、「政策論」は、「非武装の場合の侵略抑止力と侵略の生じた場合の対処法」の検討に入っていくのですが、前者は、一言で言えば先に挙げた永世中立と平和外交です。これによれば侵略の危険はほとんどなくなると言います。

それでも、万万が一にでも、実際に敵国の侵略を受けたらどうするか。この問いに対する「政策論」の回答が「非武装抵抗による防衛」です。「政策論」は敵国の侵略を受けても、「非武装を貫けば、どんなに悪くても、日本列島が軍事占領を受ける位が極限で、民族みな殺しや再起不能の大損害を蒙る最悪の事態は防げる」としたうえで、侵略者に対する民衆による非武装抵抗を勧めます。具体的には、非暴力的抗議（デモ、集会、抗議文の配布）、非暴力的非協力（ストライキ、ボイコット等）、非暴力的関与（シットイン、ハンガーストライキ）です。「そしてそれを可能にするのは、戦車やミサイルや大砲ではなく、素手の人間の知恵と勇気と忍耐であり、人間の尊厳と自由のために抵抗する国民の協同である」「草の根からの民主化をはかることが、市民的防衛の基本条件となるということは、目的と手段の一致という点だけとっても、この防衛法のきわめて優れた長所だといえよう」と論じるのです。

■まとめ

以上、小林直樹教授による「憲法九条の政策論」の概略を見ました。「政策論」は、日米安保体制と自主防衛体制をいずれも「非現実的である」として退け、非武装平和方式を主張しました。そして、平和外交による侵略の抑止を訴える一方、万が一にでも侵略を受けた場合には、国民の「素手」による抵抗を呼びかけるのです。ここには、戦争とりわけ核戦争が起きた場合には国民の命は守れないという徹底したリアリズム、そして「国家の主権や独立より国民の生命を優先する」という論理一貫性が見て取れるのです。小林教授は論説の最後に「何を・何から・どのように守るかについて、国民的な討議を積み重ねてゆく必要があるとおもう」と述べています。私たちは、その後40年間、この呼びかけに答えてきたのでしょうか。

3　深瀬忠一教授らの「総合的平和保障基本法試案」（1987年）

■「総合的平和保障基本法試案」提案の背景

次に深瀬忠一教授らが1987年に公表した「総合的平和保障基本法試案」（以下、「試案」と言います）を検討します。

「試案」は、16人の憲法学者による論文集『平和憲法の創造的展開~総合的平和保障の憲法学的研究』(学陽書房、1987年。以下、「展開」と言います)という書物の最後に「資料」として収められ、法文の体裁をとっています。「展開」によれば、「本共同研究の最終段階(一九八四年八月)において、深瀬会員の執筆になる『総合的平和保障基本法試案』が提案され、研究会全員による討議と修正を得て、成案をえた」「右基本法試案は過去三年間にわたる共同研究の総括的文章であることであり、同時に、わが国が今日および今後において総合的平和保障のためにとりうる、または、とるべき諸政策の分析・提案をなし、一定の理論仮説を総則と本文三章一七条にまとめあげた」というのです。つまり、「試案」は一人の学者による論文ではなく、日本の第一線の学者集団による共同成果にほかならず、同時期に類似の試みが皆無であることからすれば、当時の憲法学者の「有力説」と言っていいでしょう。したがって、平和に関する憲法学説の歩みを記述する場合、「試案」の検討を欠くことは画竜点睛《がりょうてんせい》を欠くことになると言わざるをえません。

本章との関係で重要なのは、前項で紹介した小林直樹教授が研究会に加わり、「政策論」の総論となる「平和的安全保障政策」を寄稿していることです。小林教授は「拙論(前項で紹介した「憲法九条の政策論」〔1975年〕のこと——引用者注)の筋道は本研究会の路線と合致しており、種々の自己検討を行ったうえで、今後にも妥当する」と述べていますから、「試案」は小林教授の「憲法九条の政策論」の基本的認識を引きつぎ、さらに発展させたものと見ることもできるでしょう。

この研究会が発足したと考えられる1981~82年頃は、新冷戦期と言われる時期です。すなわち1979年にソ連がアフガニスタンに侵攻し、翌年、西側諸国が一斉にモスクワオリンピックをボイコットしました。83年にはレーガン米大統領による「悪の帝国発言」がなされています。そして、「試案」が成案となった1984年の翌年85年にはソ連共産党書記長にゴルバチョフが就任します。「試案」が公表された1987年という年は、米ソが中距離弾道弾（IMF）全廃条約を調印した年で米ソ冷戦構造が崩壊しつつある時期に当たります。そして、1989年には東ヨーロッパの共産党体制が次々に崩壊し、同年12月にゴルバチョフとブッシュ大統領が冷戦終結を宣言するのです。

つまり、「試案」は米ソ冷戦の最後の時期に作成され、冷戦時代の状況を前提に作成されたものであり、「試案」が公表された直後に米ソ冷戦は崩壊、世界は流動化に向かうのです。

■基本法という手法

まず、前記のとおり、「試案」は条文という形をとっていますが、特徴的なのは、「基本法」という形式をとり、個別の法令とは別に政策の理念や枠組みを示す法と位置づけられていることです。

このような「理念法」「基本法」は重要な政策分野では決して珍しくありません。憲法施行とともに制定・施行された教育基本法がその代表例です（その他の例としては、原子力基本法、公害対策基本法、観光基本法、交通対策基本法、災害対策基本法、消費者保護基本法、中小企業基本法、農業基本法等）。この種の法令は他の法令と憲法とのいわば中間に位置し、他の法令の運用や解釈の指針になり、またその後の国の立法や行政施策を拘束するのです。「展開」は、平和保障基本法は本来憲法施行とともにあってしかるべきだったが、「今からでも遅くはない」。そして、「憲法学において、」「裁判所に通用するような裁判規範が法律解釈論として重視せられ」「政治部門に対する立法・行政の憲法的指針や統制の政策や技術の研究は著しく軽視され（盲点だっ）た」と言います。そして、憲法改正がないままで違憲的軍事化の立法・行政上の既成事実が進行した原因の一端はここにあると考え、「違憲的既成事実を真に合憲・合法の立憲・平和主義体制にフィードバックさせ、さらに平和保障を健全・鞏固《きょうこ》ならしめる政策・立法論の創造が、今後の課題であろう」とするのです。

基本法を制定することにより憲法と現実の間を埋めようという構想は、その後90年代に入って前田哲男氏らによる「平和基本法構想」（岩波『世界』1993年4月号、同2005年6月号）に引き継がれていきます。その意味でも「試案」はその後に引き継がれる貴重なアイディアを提供したと言えるでしょう。

■自衛隊をどうするか

「試案」は、以下の構成をとっています。

総則（1条）　全法案の基本的指針と目的の明示
1章（2～8条）平和外交、平和経済、文化的・人的交流、平和教育
2章（9～13条）自衛隊の平和憲法的改編
3章（14～17条）国際連合の平和維持機能への積極的寄与

ここで一番重要なのは、「自衛隊の平和憲法的改編」の部分です。深瀬教授は、そこに該当する11条から13条を「もっとも実現困難であるが、もっとも重要な、そして成功すればその建設的意義のはかりしれない、中軸的部分である」として、詳しい解説（「自衛隊の平和憲法的改編と国際的軍縮実現の促進」以下、「改編」と言います）を書いています。それによると、まず、自衛隊は、「平和隊」に改編され、その組織は次の４つに分かれると言います。

①警備隊（7万人）
②国連平和維持待機隊（2万人）
③災害救助隊（5万人）
④そのほかに国際協力隊（5万人）

このうち、警備隊とは、国土を防衛する最小限度の部隊であり、通常の警察隊と同質の、侵犯者の逮捕と裁判手続きへの引渡しを任務とし、領域侵犯武装集団に対しても逮捕機能を遂行しうる性質・程度の武装力を最大限とする組織であると言います。自衛隊を自国の領土・領海・領空を守る警察隊に再編成し、軍事力でなく警察力によって秩序を維持する部隊に変更しようとする試みだということができるでしょう。

次に、国連平和維持待機隊とは、国連の安保理決議又は総会決議等によって世界の紛争地域に派遣され、停戦監視その他の平和維持活動を行う部隊だと言います。自衛隊の一部を国連平和維持活動（PKO）専門組織に改編しようというのです。

最後に、災害救助隊と国際協力隊は、いずれも自衛隊のうち災害救助活動や民生協力活動を軍事的作用から分離独立させて行わせようとする試みです。すなわち、前者の「災害救助隊」は、国内及び国外において、緊急の災害時の救助、復興作業、民生協力に従事する部隊で、後者の「国際協力隊」とは、国連機関協力隊、国際技術協力隊、青年海外協力隊の、平常時に技術移転や医療協力などの国際的な協力を行う部隊だというのです。

そして、「試案」によれば、わが国に万一武力侵攻事態が生じた場合には、武力で反撃するのではなく、前記「警備隊」が侵犯者への警告、制止、退去要求、逮捕、裁判手続きへの引渡しを行う一方、直ちに国連に報告し、わが国の平和維持待機隊を主力として、諸国からの応援を得た平和維持部隊が武力衝突の引き離し、監視、調停を行うと言います。そして、国民の総力をあげ、「あらゆる平和的な抵抗手段をもちいて」確実に侵略者を追放すると言います。

深瀬教授は、我が国が「主権独立国家として、平和憲法下に、自主的に国の法的秩序を維持し国民の基本的人権（「平和的生存権」）を確保し保護する権利」は国家固有のものであり、放棄することができないと言います（「改編」）。これは、古い「自衛権」とは異なり、外敵の武力侵害行為に対して武力攻撃で反撃することを拒否し、「総合的平和保障」手段をあげて侵害を防止し、侵害を抑制し、遂には侵害者を追放する権利（「平和的安全保障権」）だというのです。その説明は必ずしも明快ではなく、後に述べるとおり、水島教授からの批判はあるのですが、ともかく、そのような「平和的安全保障権」に基づく組織であれば憲法9条の下においても合憲的に組織しうるというのが深瀬教授の説明です。

深瀬教授は、このような「自衛隊の平和憲法的改編」は「国家的大事業」であり、「拙速は大失敗につながる」ことから、60年の長期的・段階的計画によって行われるべきであるとします。すなわち、討論・研究などの準備段階（１９８７年から１９９７年）、平和隊改編立法予算段階（１９９８年から２０２７年）、仕上げ段階（２０２８年から２０４７年）の過程を経ることが必要だというのです。

■軍縮プログラムと国連中心の平和維持機能強化、そして世界連邦構想へ

以上のように、自衛隊は平和隊へと改編されますが、「試案」は日本の安全はそれだけで確保されるとは考えません。日本を取り巻く状況を改善し、国連の平和維持機能の強化が必要だと言います。

すなわち、「試案」は、第一に、わが国は、国連や関係諸国のあっせん等を通じて、世界的軍縮に向けた包括的プログラムの計画と実施について積極的に寄与する（9条）。特に、東アジア・太平洋地域では、平和憲法及びその実行例（非核三原則等）を提示しつつ、非核・軍縮・平和地帯の設定に努めるとします（10条）。

また、「試案」は、日米安保体制は、軍事的緊張と戦争の危険を持続させる一方、国連の平和維持機能を麻痺させる構造的原因であるとして、その「軍事同盟的要因を次第に解消」し、「日本列島における外国軍および軍事基地は撤収」され、「国連平和保障体制に統合される」べきだとします（14条）。そして、東アジア・太平洋地域については、特に平和問題について関連国が定期的に

会合を設け、軍事同盟の対峙や南北の経済格差を解消するような「平和的国際地域を形成する」（15条）とするのです。

さらに、日本は、北欧諸国の例を参考に、国連の平和維持活動に積極的に参加し（16条）、国際連合を中心にした国連平和保障体制への移行に寄与するとします。そして、最終的には、国際連合をよりよい「世界平和保障機構」に改造し、究極的には、「世界連邦的平和組織を樹立し、戦争制度の廃止と軍備撤廃により全世界の人民が平和的生存権をひとしく保障されるようにするため」研究と運動を続けるというのです（17条）。

深瀬教授は、「自衛隊の平和憲法的改編」の仕上げ段階の終期を２０４７年（憲法施行１００年）に設定した上で以下のとおり書いています。


「二〇四七年五月三日には、全世界の国民が代表をおくり、わが国は国民と政府が一緒になって、日本国民民定平和憲法一〇〇周年を、世界・人類恒久平和の大義のために、心から祝賀し、健闘と創造的努力をたたえ、国民と人類が直面する新たな困難と課題に立ち向かう決意をかためるであろう」

■まとめ

このように、冷戦期末期に書かれた「試案」は、小林直樹教授の非武装中立論を受け継ぎつつも、より具体的に自衛隊の改編計画を示しました。そこでは、自衛隊を、国土防衛を行う警備隊、国際平和維持活動に参加する国連平和維持待機隊、災害救助などを行う災害救助隊、国際協力を行う国際協力隊に分割すると言います。その改編計画は、「総合的平和保障基本法」という法文で示されました。同法によれば、自衛隊の改編と並行して軍縮、安保体制の解消、国連平和維持機能の強化が行われ、究極的には、世界連邦的平和組織の樹立と戦争制度の廃止、軍備撤廃を目指すというのです。

前項の小林教授の「憲法九条の政策論」と比較すると、非常時に際して、小林教授が「非暴力的抵抗」に言及したにとどまるのに対し、「試案」は国土防衛を行う武力組織を認めることで、憲法の理想からやや後退した感はあります。他方、「試案」は、自衛隊の改編を60年という長期計画をもって行うとし、究極的には、世界連邦的組織を目指す等、その構想は壮大で理想的だとも言うことができるでしょう。

自衛隊をいくつかに分割するというアイディアは、様々な方面に引き継がれています。前田哲男氏らによる「平和基本法」がそうですし、95年の朝日新聞による提言「国際協力と憲法」も自衛隊を国土防衛隊的な組織に縮小・改編する一方、平和支援隊を設置し、ＰＫＯ協力や災害救助などを行わせるとしています。さらに、同じく前田氏らによる「平和基本法案要綱」(『平和基本法 9条で政治を変える』高文研、２００８年)は、その8条で自衛隊の再編を定め、「自衛隊を安全保障隊とし、その下に国土警備隊、平和待機隊、災害救助隊を置く」としていますが、これは、まさに深瀬教授らによる「総合的平和保障基本法試案」11条とほぼ同じだと言えるでしょう。このように、「試案」はその後の護憲派の多くの人々が共有するアイディアを提供したのです。

ところが、先に見たとおり、「試案」は冷戦末期に発表されたものであり、「試案」が公表された1987年の2年後、1989年には米ソ会談によって冷戦終結が宣言されます。つまり、「試案」発表の直後に、「試案」の前提となっている冷戦構造が崩壊していくのです。

4 水島朝穂教授の「自衛隊の平和憲法的解編構想」(1997年)

■ポスト冷戦期の平和構想

前に見たとおり、深瀬教授らによる「総合的平和保障基本法試案」は冷戦末期に公表され、冷戦期の状況を前提にしたものでした。その10年後、すなわち、冷戦終結後の状況を前提に公表されたのが水島朝穂教授の「自衛隊の平和憲法的解編構想」(1997年)です。

この間の出来事として重要なのは、1990年に発生した湾岸戦争です。これは、イラクがクウェートに侵攻したことに対し、国連が非難決議をあげ、これを受けてアメリカ軍を中心とした有志連合軍がイラク軍に反撃、クウェートを解放した事件でした。この際、日本は憲法9条を理由に軍隊を派遣せず経済的協力に徹したのですが、これが外交上の汚点であるとの声が多く上がりました。これを受けて、1992年、自衛隊を海外に派遣して国連の平和維持活動に参加させる「PKO協力法」（国際連合平和維持活動等に対する協力に関する法律）が野党の反対を押し切って成立、アンゴラやカンボジアに自衛隊が派遣されることになります。憲法学者らが「総合的平和保障基本法試案」で提唱していた「国連平和維持活動への参加」は、皮肉にも、冷戦終結という事態を受けて、政府主導でまったく予想外の形で導入されることになったのです。

このPKO協力法の対案として、自衛隊を国際救助部隊として平和的に国際貢献させようという提案をしたのが水島朝穂教授でした（「サンダーバード法案」）。水島教授は、PKO協力法成立の5年後の1997年、冷戦崩壊という状況を前にして、自衛隊を災害救助隊として再編制する構想を打ち出します。それが、ここで検討する「自衛隊の平和憲法的解編構想」（以下「解編」と言います）です。

なお、水島教授は、1953年生まれですから、小林直樹教授より32歳若いことになります。「自衛隊の平和憲法的解編構想」は、深瀬教授が中心になって編纂した『平和憲法の創造的展開』の続編というべき大論文集『恒久世界平和のために』（勁草書房、1998年）に掲載されていますから、深瀬教授らのグループとの接点もうかがえます。また、水島教授は、2017年に公刊した自身の論文集『平和の憲法政策論』（日本評論社）の冒頭にこの論文を掲載していますから、未だこの論文の主張を維持しているであろうことがうかがえます。

■冷戦後の自衛隊の「存在理由」

「解編」は、まず、「冷戦の終結以来、冷戦型軍隊である自衛隊は、その『存在理由』を問われている」として、東西対立の構造が崩壊し、ポスト冷戦と呼ばれる状況の下、世界は着実に軍備縮小の方向に向かっているとします。すなわち、この状況のもとでは「巨大軍隊の正面からの衝突はありえない。紛争の程度も極めて低レヴェルである」と言います。そのような状況の下では「自衛隊の存在根拠を冷戦下と同じ論理で説明することは、もはや不可能となった」「『新しい正当化根拠』の継続的調達が求められる所以」なのです。

「解編」は「新しい正当化根拠」として、

①「軍事力＝国際警察力」論

②「総合抑止力」という概念を設定しつつ、防衛力の復元困難性を理由に軍縮に対するブレーキの必要性を説く論

③「新しい脅威」論

④「戦闘機能・非戦闘機能等価」論

の4つをあげていますが、いずれも根拠がないと言います。このうち、本書との関係で重要なのは③でしょう。

冷戦後の「新しい脅威」とは何があげられているか。まず、武装集団による離島占拠のように、有事（戦争）とまでは言えないが、警察権では対応できない事態。現在で言うところの「グレーゾーン事態」です。

次に、オウム真理教事件のようなテロや紛争など「低強度紛争」事態。外国人の増加もテロの温床であるとして、在日朝鮮人までもその予備軍にカウントする差別的な議論すらあると言います。

このように、北朝鮮・中国脅威論を除けば、今日に通じる「自衛隊正当化根拠」は、この時期に概《おお》ね出揃っていたことが分かります。

水島教授も、「遠くない将来想定しうる事態としては、難民の大量漂着、テロ組織の活動、島嶼《とうしょ》における国境紛争等」があり得ることを認めます。しかし、これについては、「警察や海上保安庁の各種機能の強化により十分に対処可能である」とします。そして、海上保安庁により対応するとしても「海上保安庁法二五条により、海保の軍隊化は許されない。純粋な国境警備活動と海上における行政警察活動に従事するのである」としていますから、左記「グレーゾーン事態」については、行政警察権の行使で足りると考えているのかもしれません。

■自衛隊解編構想の概要

このように自衛隊の「新しい正当化根拠」には理由がなく、自衛隊は、軍事的組織としての性格を消失させた上で、その人員・装備等を、関連する国家機関、地方自治体、民間の3分野に振り分けた上、必要な人員を抽出して「国際災害救援隊」を編成すると言います。

この構想の直近の事件として95年の阪神淡路大震災がありました。この際自衛隊は、101日間で総勢166万9148人という「災害派遣史上最大規模」の人員を投入して災害救助にあたりました。そのような背景に照らせば「軍事組織を、何らかの総合的な災害救援組織に転換する構想は、世論の十分な支持を得ることができるだろう」と「解編」は言います。自衛隊は「国際災害救援隊」に解編し、防衛庁は国土庁と統合して国土防災省にする。国際災害救援隊は、大規模災害にあった諸国に対する救助・医療・技術等を中心とする援助を行う。世界の紛争地帯に対しては「即効的な軍事力の投入よりも、紛争の原因を除去する『平和の根幹治療』が必要」だというのです。

他方、自衛隊が行っている活動のうち、憲法の平和主義の観点から評価できるものは、関連する国家機関等に移管する。たとえば、海自救難飛行隊や機雷掃海部隊は海上保安庁に、陸自の不発弾処理隊は建設省や自治体に移管する等です。

ここで注目すべきは、この構想は、「憲法9条の立場を一貫させれば、いかなる場合でも、軍隊・戦力の存在はゆるされない」として、自衛隊を合憲とみなして軍縮に向かうのではなく、「自衛隊の解散と、非軍事組織の新たな編成」という過程を想定しているということです。自衛隊の「改編」ではなく、「解編」という造語を当てているのは、「改編」との違いを明確にするためであると言います。また、水島教授は、先にあげた「総合的平和保障基本法試案」が「警備隊」を予定していたことについても、「憲法適合性に疑義のある性格の組織を『合憲的』に想定していたことは問題であった」と批判しているのです。

■安保条約はどうするか

水島教授はこの論文でその他の外交政策については論じていませんが、安保条約については一言触れています。

すなわち、「自衛隊の解編は、日米安保体制の根本的転換との関わりで論じられる必要がある。将来的には、安保条約一〇条に基づく条約終了の手続を行ったのち、新たに『日米平和友好条約』を締結することが必要」だというのです。

■まとめと「解編」公表後の世界情勢

以上のとおり、水島教授の「解編」は、ポスト冷戦という状況を前提に、「自衛隊の存在理由」を問い直すとともに、武装組織としての自衛隊を完全に解体し、総合的な災害救助隊に編成し直すという大胆な提案をするものだと言うことができます。それは深瀬教授らによる「総合的平和保障基本法試案」が警備隊のような武装組織を想定していたことと比較すれば、極めて徹底した提案だったと言うことができるでしょう。水島教授によれば、難民の大量漂着、テロ組織の活動、島嶼における国境紛争等の「新たな脅威」については、「警察や海上保安庁の各種機能の強化により十分に対処可能である」というのです。

「解編」が公表された1997年は、日米防衛協力のための指針、いわゆる「新ガイドライン」が合意された年でした。これは朝鮮半島有事を念頭においたもので、1999年には、これを根拠づける周辺事態法が成立しています。これにより、自衛隊は有事の際に米軍への後方支援活動を行うことが合法化され、水島教授の提案とは反対に、自衛隊の活動領域は拡大し始めたのです。

2001年9月11日、アメリカで同時多発テロ事件が発生すると、アメリカと有志連合は、その報復として同年10月アフガニスタン戦争を開始、タリバン政権を崩壊させます。2003年、アメリカと有志連合は、今度は大量破壊兵器の保持を理由にイラク侵攻を開始します。日本は、いずれの戦争についてもアメリカを支持するとともに、テロ対策特別措置法（2001年）、イラク特措法（2003年）をそれぞれ成立させてアメリカ軍の後方支援や復興支援活動を行いました。2004年1月には、イラク特措法に基づき、自衛隊がイラク南部のサマワに派遣されます。イラクではアメリカが指摘した大量破壊兵器の発見に至らず、イラク国内の治安悪化も問題となり、戦闘は2011年の米軍完全撤収まで続きました。

このように、「解編」の構想とは反対に、冷戦後の世界は混迷の時代を迎え、自衛隊はその任務を拡大し続けていくのです。

5　非軍事中立戦略は現代に通用するか

前章までで見たことをまとめると、次のとおりです。

すなわち、米ソ冷戦の最中に書かれた、小林直樹教授による「憲法九条の政策論」（1975年）は、日米安保体制と自主防衛体制をいずれも「非現実的である」として退け、非武装平和方式を主張し、平和外交による侵略の抑止を訴える一方、万が一にでも侵略を受けた場合には、国民の「素手」による抵抗を呼びかけました。

冷戦期末期に書かれた深瀬忠一教授らによる「総合的平和保障基本法試案」（1987年）は、自衛隊を、国土防衛を行う警備隊、国際平和維持活動に参加する国連平和維持待機隊、災害救助などを行う災害救助隊、国際協力を行う国際協力隊に分割するという案を示しました。その改編計画は、「総合的平和保障基本法」という法文で示され、同法によれば、自衛隊の改編と並行して軍縮、安保体制の解消、国連平和維持機能の強化が行われ、究極的には、世界連邦的平和組織の樹立と戦争制度の廃止、軍備撤廃を目指すと言います。

ポスト冷戦期に書かれた水島朝穂教授の「自衛隊の平和憲法的解編構想」（1997年）は、ポスト冷戦という状況を前提に、「自衛隊の存在理由」を問い直すとともに、武装組織としての自衛隊を完全に解体し、総合的な災害救援隊に編成し直すという提案をするものでした。

以上の論考は、多少のニュアンスの違いがあるとはいえ、軍事力や軍事同盟によらずに国を守る構想である点で共通します。そこでこれらの構想を総称して非軍事中立戦略と呼称することとします。

非軍事中立戦略は、「憲法9条をどう生かすか」という難問に憲法学が正面から真摯《しんし》に取りくんだ成果だと言えるでしょう。ところが、今、冷戦後の世界はますます混迷を深め、北朝鮮の核ミサイルや中国膨張の脅威におびえる私たちの国は、憲法9条そのものを捨ててしまおうとすらしています。

私たちは、憲法9条とともに、先達たちの英知である非軍事中立戦略を捨ててしまうべきなのか。

最後にこの問題に取り組んでみたいと思います。

■冷戦構造崩壊後の状況

この問題を検討するにあたっては、まず、現在の状況をおさらいしておきましょう。

まず、押さえておかなければいけないのが、「北朝鮮脅威論」が生じている状況です。北朝鮮は、2003年にNPT（核拡散防止条約）脱退を表明し、2006年には核実験を開始します。北朝鮮は、以後、2017年までに6回の核実験を繰り返す一方、日本上空を通過するミサイル発射実験を同年8月までに5回繰り返し、同じ月には「ソウルを火の海にしてやる」などと発言するなど、世界に核戦争の恐怖をまき散らしていることは事実です。ただし、今年（2018年）に入ると、4月に板門店で北朝鮮の最高指導者である金正恩《キム・ジョンウン》委員長と韓国の文在寅《ムン・ジェイン》大統領により行われた11年ぶりの南北首脳会談が行われ、「核のない朝鮮半島の実現という共同目標」を確認した共同宣言が発表され、6月12日にはシンガポールで米朝首脳会談が行われる等、劇的な状況の変化が起こりつつあります。

もう一つ重要なのは、「中国脅威論」です。冷戦は1989年に終結しますが、この頃から中国の急速な軍事力の増強が始まり、軍事費は1990年から2015年まで（1年を除き）連続して前年比2桁台の伸びを記録しました。1988年には南シナ海の南沙群島でベトナムと軍事衝突、1994年にはスプラトリー諸島に進出し領有権を主張するフィリピンと対立します。1992年、中国は、諸島を含む東シナ海の大半と南シナ海の大半を自らの領海とする「領海法」を一方的に採択しました。2006年、中国の軍事費は495億ドルとなり、ついに日本を抜いてアジアトップになりました。このような「国威高揚」を背景にしてか、この頃より中国漁船による領海侵犯が頻発し、2010年9月、ついに尖閣諸島付近で操業中の中国漁船が海上保安庁の巡視船に衝突するという事件が発生しています。2012年には、中国共産党大会で「海洋強国の建設」を目標に掲げ、初の航空母艦を就航させました。2014年頃からは南沙諸島に人工島を造成し、軍事拠点化を進めています。このような「中国の膨張・海外進出」は多くの人に「軍事的脅威」と映って不思議ではありません。

このような状況の下、2014年7月1日、わが国では、国家安全保障会議及び閣議において、「国の存立を全うし、国民を守るための切れ目のない安全保障法制の整備について」が決定され、これによって、戦後長らく「集団的自衛権は憲法上認められない」とされてきた解釈が変更され、集団的自衛権が一部解禁されることとなりました。

翌2015年、武力攻撃事態法改正案や国連平和維持活動協力法改正案などの改正案10本（「平和安全法制整備法案」）と「国際平和支援法案」が国会を通過成立しました。これにより、日本が直接攻撃を受けた場合ではなくとも、アメリカなど同盟国が武力攻撃され、「日本の存立が脅かされ、国民の権利が根底から覆される明白な危険がある」と政府が判断すれば海外で武力行使ができるようになったのです。さらに、安倍首相は、2018年の自民党大会で、2020年に9条改正を含む改正憲法を施行するとの発言をしています。

本章は、このようなきな臭い状況の下にある現代でも、非軍事中立戦略の基本的な部分は、有効性をもち得るのであって、少なくとも今後の防衛構想のなかで有効な選択肢の一つとして検討され続けられるべきであると主張します。そして、これら憲法の理念に即した防衛構想こそ、今、間近に迫った改憲の動きに対して、もっとも有効な対抗策となりうると信じるものであります。

以下、順次述べていきましょう。

■核戦争の脅威は終わっていない

すでに述べたとおり、「『核』に象徴される現代の軍事技術の発達は、オーバー・キルの能力によって、在来の戦争目的の意味をほとんど失わしめるにいたった」「『核』の全面廃棄が実現されるまで、現代人は、各国家の存立どころか、人類自体の自己壊滅の可能性から免れない事態に置かれている」という時代認識こそ、小林直樹教授の「政策論」の骨格でした。米ソ冷戦時代、米ソはそれぞれ人類を絶滅させかねない量の核兵器を持ち、それらを大陸間弾道弾（ICBM）に搭載して睨みあっていました。戦争はすでに手段としての意味を失い、絶対悪になった、と心ある多くの人々が考えたのです。

2017年の夏、私たちは、再び核戦争の恐怖を味わうことになりました。北朝鮮の核実験と予告なしのミサイル発射が行われたからです。日本国民は、政府の鳴らすJアラートにせっつかれ、ネットでは、〝避難訓練〟として、田んぼの真ん中で頭を抱えてしゃがみ込む姿勢を取らされた人々の悲しい姿が拡散されました。いかに戦争体験が風化したとしても、あまりに悲しく惨めな光景だったというほかありません。

政府は、北朝鮮によるミサイル核攻撃の脅威に対して、ミサイル防衛（MD）システムで対抗すると述べていますが、日本に向けて発射されたミサイルを確実に撃墜するのは不可能だと専門家は言います。新聞記者の半田滋《しげる》さんの取材に答えたある自衛隊幹部によれば「万全を期すのであれば、PAC3（地上配備型迎撃ミサイル――引用者注）の発射機は一千基は欲しい」というのですが（『僕たちの国の自衛隊に21の質問』講談社、2014年、176ページ）、それには「二十兆円あっても足りない」と言います。それだけでなく、北朝鮮から飛んでくる弾道ミサイルは音速の10倍の速度であり、アメリカですらそのようなミサイルを撃ち落とした実績はなく、ミサイル防衛システムによる命中率は誰も確かめていないというのです。

小型化された核兵器を搭載した弾道ミサイルが1発でも命中した場合はもちろん、核を搭載しないミサイルでも原発に打ち込めば同様の効果が生じます。その場合、直接の被害で多くの死者が出るだけでなく、放射能によって国土が広範かつ深刻に汚染され、日本人は、国の独立どころか、民族存亡の危機に陥ることになるでしょう。「『核』の全面廃棄が実現されるまで、現代人は、各国家の存立どころか、人類自体の自己壊滅の可能性から免れない事態に置かれている」という状況は、冷戦期であれ現在であれ、なんら変わっていないのです。

北朝鮮はもちろん、中国も核保有国であることを忘れてはなりません。実際、2005年には、中国軍部の高官が「米国政府が台湾海峡での武力紛争に介入した場合、核攻撃も辞さない」と海外メディア記者会見において発言した事例があります。およそ可能性がゼロに近いにせよ、万万が一米中が全面戦争になれば核戦争に発展し、その場合には人類が存亡の危機にさらされるという状況はかつての米ソ冷戦時代となんら変わっていないのです。

そのように考えると、核戦争の時代には、戦争という手段そのものを放棄するべきだと考えた非軍事中立戦略の英知は未だ捨て去るべきものではないはずです。

安保条約は有効か

米ソ冷戦が厳しい時代に日米安保体制の廃止と中立政策を唱えたのが、「非武装中立論」等の非軍事中立の構想でした。冷戦が終結した現在、日米安保体制をどうするべきでしょうか。

日米安保体制が日本の独立と平和を守るのに有効に機能しうるかどうかという問いには、「その答えは『否』としか出ない」と断じたのは小林直樹教授でした。小林教授は、「日米安保条約によって米軍基地を設置している日本が戦争にまき込まれたとき、特に相手がソ連である場合、核攻撃を免れる公算はむしろ少ない」と述べました。この指摘は、今日「ソ連」を中国や北朝鮮に入れ替えても変わらないと思われます。そうすると、日本の主要都市が核ミサイルの攻撃にさらされたのち、米軍が駆けつけたとしても「日本防衛の意味はすでに失われているであろう」という指摘はそのまま現代でも妥当するように思われます。

それだけではなく、小林教授が指摘した日米安保体制の問題点は、冷戦後の現在のほうがかつてより深刻さを増しているように思えてなりません。

第一に、布施さんの第3章にもあるとおり、自衛隊は米軍とますます一体化を強めており、実質的には米軍の指揮下に入っている状況を深めています。仮にアメリカが台湾あたりで中国と交戦状態に入れば、日本列島はアメリカ防衛のための前線基地になる一方、中国から見れば米軍基地のある日本列島は最初の攻撃目標なのであって、日本は焦土と化して、米軍はアメリカ本土を守ることになるように思われます。かつて沖縄を本土防衛の「捨て石」にしたように。安保体制は、日本を守るためというより、アメリカの世界戦略の一部でしかないということです。

第二に、近年、日本政府はますますアメリカへの従属を深めており、アメリカからの無理難題にはすべて応じる傾向が強まっています。２０１７年に朝鮮半島の危機が強まると、日本はアメリカに多額の兵器を大量に購入させられました。ところが米中会談が始まり、北朝鮮の核放棄の可能性が見えてくると、今度は、アメリカ大統領の一声で非核化の費用を負担させられることが決まるのです。その間、日本国民には何の相談もされません。日本人はアメリカの属国以下の状態におかれ、日本人の支払った税金はアメリカ政府の意のままに使用され、何の抗議もできないのです。このような事態は、日本が国の防衛をすべてアメリカに委ね、いわば安全を人質に取られているからと言っても過言ではありません。

第三に、北朝鮮や中国が仮に日本本土に核攻撃をするとすれば、その動機は、自国の安全を確保するため、日本国内にある米軍基地を攻撃するためのほかには考えられません。米軍基地を日本国内に置くことによって、逆に敵国に日本本土攻撃の動機と口実を与え、核攻撃すら誘導しかねないというのは、今も昔も変わらないのです。

第四に、冷戦終結後、日本が自国の防衛と関係のない戦火にまき込まれる惧れはますます高まっているように思います。冷戦終結でソ連というライバルがいなくなったことで、アメリカは自由に軍隊を使う余地が増えました。そして、2001年のアフガニスタン戦争、2003年のイラク戦争には、アメリカの同盟国が有志連合としてこぞって参加したのです。とりわけイラク戦争がその後10年以上も続く内戦の契機となり、多くのイラク国民とアメリカの若い兵士たちの命を奪ったことは記憶に新しいところです。そして、戦争の口実とされたイラクの大量破壊兵器が結局発見されなかったことからも、その正当性は疑わしいところであり、その後、アメリカ軍はイラク国内の混乱に収拾をつけることなく撤退したのです。日本は、安保体制に組み込まれている限り、このような無謀な戦争に巻き込まれる危険があり、その危険は、冷戦時代より現在のほうがはるかに大きいのです。

安保条約の矛盾が集中的に表れているのが沖縄です。沖縄では、大戦末期に日米の地上戦が行われ、約19万人、住民の4人に1人が死亡したと言われています。沖縄に侵攻した米軍のうち、宜野湾へ侵攻した部隊は占領と同時に土地を接収し、飛行場を建設しました。沖縄では、米軍に土地を収奪された状態は現在も続いており、基地周辺ではジェット機の騒音・振動と、繰り返される米兵犯罪、頻発する軍用機の墜落事故に、本土復帰後の現在も苦しめられています。このように、日本の国土を外国の軍隊の基地が占拠し、日本人の人権が外国軍によって侵害され続ける状態を固定化しているのが、今日の日米安保条約なのです。沖縄では、日米安保条約は、日本人の人権がアメリカ軍によって蹂躙《じゅうりん》されるのを正当化するものになっているのです。

それでも、たとえば、中国が尖閣諸島に侵攻してきた場合に備え、日米安保条約は堅持すべきだという意見もあるでしょう。しかし、そもそも、中国が尖閣諸島に攻めてきた場合、必ず日本を救援するために軍隊を送るという保障があるでしょうか。これに対する答えは、少なくとも法的には「否」と答えざるを得ません。安保条約は、「自国の憲法上の規定及び手続に従って共通の危険に対処するように行動すること」を定めたものに過ぎないところ、アメリカ憲法によれば宣戦布告は連邦議会の権限とされており、大統領といえども議会の承認がない限り、戦争行為はできないからです。実際、2013年にオバマ政権がシリア内戦に介入した際も、議会は地上軍投入を禁止し軍事行動の期間を最大90日間に限定するなどの制限をつけています。アメリカが尖閣諸島で中国軍と戦争することはアメリカの国益にとってあまり重要ではない反面、この戦争が米中全面戦争につながればアメリカの国益を著しく損なうことになります。そのような戦争に、アメリカ議会が必ず承認を与えると言い切れるでしょうか。これを期待することはあまりに甘い見通しではないでしょうか。

さらに、イラク戦争の失敗以降の現状では、アメリカの力が失墜する一方、前記のとおり、中国は、軍事費が毎年2桁台の伸びを記録する等、軍事力を増強しています。世界の覇者はアメリカであるという状況が当面続くであろうことは予想されるものの、この状態がいつまで続くかというのは誰にも分かりません。もし、米中の軍事バランスが伯仲し、または逆転したらどうするのでしょうか。小林教授は、「力の論理の信奉者は、国の安全を強者との提携（または癒着・依存）に求めることによって、力関係が変化した場合、自己喪失者の陥る悲劇を免れない」、「仮りにアメリカの軍事的優位がくつがえった場合、日米安保論者は、安全のためにそれまでの仮想敵国による新安保を求めることになるのか、それとも（中略）敗北と壊滅を覚悟して最後までアメリカに付き合うか、という選択の前に立たされる」と述べました。この予言が的中する時が迫っていると考えられませんか？

以上まとめるならば、日米安保体制は、日本を守るためというよりアメリカの世界戦略の一部でしかないものであり、アメリカからの無理難題にはすべて応じる傾向を強化するだけでなく、敵国に日本本土（核）攻撃の動機と口実を与え、さらに日本が自国の防衛と関係のない戦火に巻き込まれる惧れを生じさせるものです。それは、沖縄を見れば明らかなとおり、日本に米軍基地を固定化して日本人の土地を収奪し、日本人の人権を侵害する一方、いざという時の日本の安全のためには、さほど期待できない性質のものなのです。

加えて、日米安保体制に日本の安全を委ねるという思想は、アメリカの軍事的優位が覆った場合、それまでの仮想敵国と同盟を結びなおすのか、それとも敗北と壊滅を覚悟して最後までアメリカに付き合うのか、という選択に迫られ、決定的な矛盾を露呈するのです。

そう考えれば、日米安保条約は解消するべき、と訴えた「非武装中立論」等の提案は、現在でも十分検討に値するし、選択肢にいれるべきではないでしょうか。

自主防衛論は適用可能か

次に、では、アメリカに頼らずに日本を自主的に防衛する、自主防衛論を採用すれば問題ないのでしょうか。これも厳しく批判する小林教授の論考を参考に検討しましょう。

「日本の地政学的条件は、現代戦にははなはだ適していない」と「政策論」は述べます。すなわち、「〝縦深〟がないことは、ミサイルや飛行機の攻撃に脆弱であるだけでなく、海からの攻撃にも不利である。とくに、重化学工業を中心とする太平洋岸の工場地帯や超過密のメガロポリス等は、砲爆撃の絶好の目標となろうし、その有効な防衛はほとんど不可能に近い。」「陸上はどうか。（中略）〝一個師団受持正面一五キロ以下〟とすれば、一三個師で二六〇キロ――陸自の全師団を一線だけに並べてれても、東京―浜松にも及ばない距離にしかならない。」「同じ計算でゆくと、一〇倍の戦力をもってしても、本格戦争で自力の防衛を達成することは不可能であろう」。

おもしろいことに、これと似たことを、最近、元防衛官僚がジャーナリストとの座談で話していい ます。すなわち、元陸上自衛隊幕僚長の冨澤暉《ひかる》氏は、ジャーナリストの田原総一郎氏との対話でこう話しています。

「日本列島は北から南まで約三〇〇〇キロメートルと細長いですよね。しかも海岸線をぐるりと回ると三万キロメートル近くあります。この三万キロを要塞化するなんて到底不可能な話です」「日本列島のこれだけ広い正面では、どこから外敵が来るかわからないわけです。同じ防御でも、陸上自衛隊の場合、陣地（固定）防御と言って、あらかじめ陣地を構築してそこを拠点に守ろうとしたら、三万キロの海岸線すべてに陣地を造らなければいけなくなります。そんなことは非現実的です」

（『矛盾だらけの日本の安全保障』海竜社、２０１６年、27～28・40ページ）

冨澤氏は、前記ミサイル防衛についても「こちらは攻めていかなくても、向こうが弾を撃ってきたら全部叩き落とせばいい。今で言うミサイル防衛、ミサイル・ディフェンスですが、それで全ての弾を叩き落とせば日本は絶対安全じゃないかとおっしゃいますけど、そんなことは絶対にできません」「あらゆるところから飛んでくるミサイルを全て叩き落とすのは不可能です。三万キロの正面を守ることはとてもできない。そういう技術はまだないし、仮に技術ができたとしても、三万キロの正面全部でそれをやるには、それこそ天文学的なお金がかかります」とあっさり否定しています。

このように見てくると、やはり自主防衛の非現実性は現在でも変わっていません。それでも、中国の脅威を前にして、自衛隊を維持・強化するべきだという意見は根強いでしょう。確かに、現在の自衛隊は数で中国軍に劣るものの、性能のよい戦闘機などの武器を多数保有していることから、局地的な戦闘などでは十分戦えるという意見もあるようです。しかし、現在の自衛隊が中国軍に優勢なのは、アメリカから性能のよい高価な兵器を輸入していることの裏返しであることも考えなければなりません。繰り返し述べるとおり、中国の軍事予算は大変な勢いで伸びており、中国全体の経済力の伸長も目を見張るものがあります。そして、中国は日本の10倍の人口を持った国ですから、トータルの国力で日本がかなうはずがありません。現時点で多少軍事的に優勢に見える点があったとしても、将来的には必ず圧倒的な優位に立たれるであろうことは目に見えています。

そして、仮に中国に対抗する軍事力を保持しようとすれば、中国と軍事競争を行わなければなりません。ストックホルム国際平和研究所（ＳＩＰＲＩ）によれば、２０１６年の軍事予算は、アメリカ６１１０億ドルに対し、中国２１５０億ドル、日本は４６１億ドルにすぎませんから、日本一国で中国に対抗する防衛力を作ろうとすれば、予算面だけで見ても到底不可能であり、本気でやろうとすれば、それだけで日本は経済的に破たんするのではないでしょうか。

なお、リベラルな人々の中にも、「専守防衛」ならよいと主張する人もいるようです。しかし、第3章で布施さんが書いているとおり、日本政府のいう「専守防衛」とは冷戦期に作られた防衛政策であり、日米安保体制があって初めて成立しうると考えられてきたものだというのが実際でしょう。日本一国で「専守防衛」が成立するとは思えません。

さらに、「専守防衛」は、基本的に日本本土（日本の領土そのもの）が攻撃されたら初めて反撃するという主張です。しかし、そもそも戦争は本土を攻撃されたらすでに負けではありませんか。実際、先の大戦でも、日本は満州を「対ソ防衛の生命線」と位置づけ、沖縄を本土防衛の捨て石に用い、最後は本土決戦を避けて降伏しています。アメリカが日本に基地を置くのはまさにこれと同じ考え方に基づくわけです。ところが、今の日本は戦争になれば直ちに本土決戦（日本の領土内での戦争）になるでしょう。それでは膨大な一般市民の犠牲を覚悟しなければなりません。

先に引用した元陸上自衛隊幕僚長・冨澤暉氏とジャーナリストの田原総一郎氏との対話でも、田原氏が「専守防衛でいくと、いきなり本土決戦ということになりませんか」という発言に対し、冨澤氏が「まさに本土決戦です」と応じる場面があります。冨澤氏によれば、陸自は陣地にこもって守るのではなく、移動しながら上陸してきた敵を撃退するというのです。そうなれば、市民の庭先で戦車が爆走して戦車砲を打ち合う光景を想像しなければなりません。その場合は、今この瞬間のシリア内戦の戦地がそうであるように、一般市民を巻き込んだ市街戦を想定しなければならないのです。

専守防衛を主張する人は、それが「本土決戦」を前提にした政策であり、「沖縄戦」のような一般市民を巻き込んだ阿鼻叫喚《あびきょうかん》を伴う政策であることを、国民に説明しているでしょうか。あの大日本帝国ですら本土決戦を避けたのに、今の日本人が本土決戦に耐えられるでしょうか。私には、到底そうは思えないのです。

以上からすれば、「自主防衛論は（中略）有効性の乏しさ、実現の難しさ、危険の大きさなどのゆえに、支持しがたいといわなければならない」という「非武装中立論」の診断は、今日でもまったくそのまま通用すると考えざるを得ないように思われます。

■自衛隊は「改編」すべきか、それとも「解編」すべきか

このように、軍事力によって国を守るということはそもそも不可能なのですから、日米安保条約を解消し、平和中立外交により仮想敵を作らないことで国の安全を高めようという非軍事中立戦略の構想は、基本的に正しいと思われます。

そこで問題になるのは、自衛隊をどうするのか、という問題です。「総合的平和保障基本法試案」が提案したように、自衛隊を警察組織である「警備隊」に改編するのか、それとも、水島教授が提案したように、非軍事の災害救援隊に解編するのか。ここには、「そうはいっても外国から侵略を受けたらどうするのか」という難問が潜んでいるように思います。

この点、かつて帝国主義の時代に行われていた、他国を侵略して植民地にするような全面的な侵

略戦争が発生する可能性は著しく低いことを指摘しておくべきでしょう。また、仮に隣国中国が本気で軍事力を蓄え日本に全面的な侵略戦争を仕掛けた場合、繰り返し述べるとおり、客観的に見て軍事力で日本を守ることはそもそもできないし、それでも本土決戦覚悟で国を守ろうという国民的合意は実はないように思われます。そこで、全面的な侵略戦争に備えて防衛力を蓄える必要はまったくなく、今の自衛隊を大幅に縮小するべきであるというのは、合理的な判断だろうと思うのです。

そこで、現実的危険として検討しておくべきは、①本格的な侵略に至らない小規模な国境侵犯などに加えて、②水島教授の論考で紹介された冷戦後の「新しい脅威」すなわち、武装集団による離島占拠などの「グレーゾーン事態」、オウム真理教事件のようなテロや紛争など「低強度紛争」事態のみであるように思います。そして、水島教授が指摘しているとおり、②後者は、「警察や海上保安庁の各種機能の強化により十分に対処可能である」と思われます。犯罪者を適正手続きの中で裁くことを目的とした「警察作用」と、敵の殲滅《せんめつ》を目的とする「軍事作用」とは本質を異にします（たとえば、警察が犯罪者を拘束すれば「被疑者」になりますが、軍隊が敵を拘束すれば「捕虜」になります）。「法の支配」を前提にすれば、「警察作用」で対応すべき領域に「軍事作用」を持ち込むのは絶対避けるべきであり、水島教授の指摘が正しいと思います。

他方、①の、全面侵略戦争に至らない、ごく小規模な国境侵犯に対応するため、「総合的平和保障基本法試案」が提案したような警察組織である「警備隊」に相当する組織を構想することも不合理ではないようにも思われます。侵犯者の逮捕と裁判手続きへの引渡しを任務とし、領域侵犯武装集団に対しても逮捕機能を遂行しうる性質・程度の武装力を最大限とする組織であれば、本質的に

「警察権」であり「交戦権」の行使を含まないことから、水島教授の言うような「憲法上の疑義」は一応避けられると言っていいのではないでしょうか。

■基本法方式の有効性

次に指摘したいのは、深瀬忠一教授の「総合的平和保障基本法試案」が提案した「基本法」方式の有効性です。憲法を改定するにせよ、しないにせよ、憲法の規定は抽象的ですから、これだけで安全保障政策が明らかになるわけではありません。とりわけ現在安倍政権が提案しているような「自衛のため必要な措置をとる」というだけでは、なにが「必要な措置」であるかまったく明らかでなく、政府にフリーハンドを与えることになります。他方、憲法を改正しない場合でも、今の自衛隊をどうするか、安全保障政策をどうするか、憲法上明確でありません。そこで、下位の基本法で、国の安全保障政策を明確に定めておくことは、政府の恣《し》意的な行動を国会がコントロールするという意味で非常に大切です。また、憲法ではなく基本法つまり法律で定めることは、法改正により国際情勢の変化等に柔軟に対応できるという意味で非常に有効だと思います。

非軍事中立戦略の立場からすれば、基本法で定めるべきは、第一に外交の基本方針、特に仮想敵国をつくらない中立戦略と、自衛隊を警察規模に縮小するための軍縮計画です。海上保安庁や警察との役割分担、横の連絡・連携を定めたり、必要な組織の移行や改編も定めるべきでしょう。そのような法律を作る過程で、国民が安全保障政策を真剣に議論することができます。

大切なことは、戦争になっても軍隊が国民を守ってくれるだろうという「甘い見通し」を捨てること。軍隊によってできることと、できないことを明確に区別し、できることのみを定め、できないことは定めないことです。ミサイル防衛等は、「できないこと」の典型だということができます。

■国連との関係をどうすべきか

護憲派の頭を常に悩ませてきたのは、国連との関係をどうするかという問題です。国連は深瀬忠一教授らの「総合的平和保障基本法試案」は国連ＰＫＯの力を日本の防衛にも役立てようと考え、前記「警備隊」とは別に「平和維持活動待機部隊」を構想しました。米ソが睨みあう冷戦期に中立的かつ平和的に見えた国連に期待をしたのは当然だろうと思います。

しかし、国連憲章に基づく安全保障は本質的に武力に基づく性格をもっていました。集団安全保障という考え方です。そして、冷戦終結後に活発になった国連平和維持活動（ＰＫＯ活動）は国連憲章に基づく強制措置とは異なるとしても、やはり武力による強制措置という性格を伴うことは否定できませんでした。この側面が明確に表面化したのは１９９２年のソマリアＰＫＯでした。その際、米軍は現地の武装勢力と交戦し、18人の戦死者と73人の負傷者を出しています。

ソマリアＰＫＯの失敗は、国連に対する素朴な信頼に傷をつける事件でした。ソマリアＰＫＯの事例のように、国連ＰＫＯ部隊が紛争の一方当事者になってしまっては、国連の中立性を損なうのではないか。武力による平和実現という姿勢は、平和維持活動という名目に反するのではないか。そして、このようなＰＫＯに自衛隊が参加していくことは自衛隊の海外での武力行使に道を開くのではないか。水島教授が、ＰＫＯ法案の対案として、武力ではなく、あくまで災害救助や人道支援等で国際貢献をしていく「サンダーバード法案」を提起したのも、そのような危機感に基づくものだと言えるでしょう。

ＰＫＯをめぐる論議のおかしさは、軍隊を海外に派遣することがあたかも唯一の国際平和への貢献の方法であるかのように言われていることです。たとえば、日本は２０１７年７月に採択された核兵器禁止条約に参加していません。あるいは、２０１７年に日本で難民認定を申請した外国人１万９６２８人に対し難民認定数は20人と非常に少ない。世界の紛争地から避難してきた人々を受け入れることも立派な平和貢献であるはずですが、そのような視点がまったくありません。それだけでなく、シリア問題なりパレスチナ問題なりで日本が平和のためになんらかの積極的提案をしたという話も聞いたことがありません。極めつけは北朝鮮問題です。世界中が核戦争を心配して米朝の仲裁を買って出るなか、日本は各国に北朝鮮との断交を呼びかけ、圧力一辺倒の外交で核戦争の危機を高める役割を果たし続けたのです。真に日本が世界平和に貢献したいと考えているならば、自衛官の命を危険にさらすことより、外交政策や難民政策を改めることを優先するべきではないでしょうか。

その上で、やはりある程度実績を積んできた自衛隊による平和維持活動を完全に白紙に戻してしまうというのも、あまり現実的ではないように思います。世界的に見れば、国連平和維持活動は手探り状態であるとはいえ、紛争の解決に一定の役割を果たしていることも否定しがたいことだからです。そこで、憲法９条との整合性を保ちつつ、日本が国連の平和維持活動にどのように貢献できるのか、さらなる研究が必要でしょう。

その意味から、自衛隊の一部を独立させ、国連平和維持待機部隊を作ろうという「総合的平和保障基本法試案」の提案は、現在でも十分検討に値するように思うのです。

■まとめ

以上のとおり、冷戦の最中、小林直樹教授の「憲法九条の政策論」に始まる非軍事中立戦略の提案は、決して時代遅れではなく、現在にも十分通用するものであると思います。

私たちは、過去に憲法学者が議論を積み上げてきた成果を無駄にすることなく、これに学び、現在に生かすよう、過去の議論の上にさらに議論を積み重ねていくべきであり、少なくとも今後の防衛構想のなかで有効な選択肢の一つとして検討され続けられるべきであると考えます。そして、その作業を行うことこそ、憲法9条を亡きものにしようとする改憲の動きに対して、もっとも有効な対抗策となりうると信じるものです。

6　本章のまとめと結論

本章のまとめと結論は以下のとおりです。

米ソ冷戦の最中に書かれた、小林直樹教授による「憲法九条の政策論」、冷戦期末期に書かれた深瀬忠一教授らによる「総合的平和保障基本法試案」、ポスト冷戦期に書かれた水島朝穂教授の「自衛隊の平和憲法的解編構想」を検討しました。

これらの構想は、いずれも、日米安保体制の廃棄を主張し平和外交による侵略の抑止を訴える点で共通します。そこで、本章では、これらの構想を総称して非軍事中立戦略と呼称しました。

「政策論」は日米安保体制と自主防衛体制の非現実性を詳細に検討しました。「試案」は、自衛隊を、警備隊、国連平和維持待機隊、災害救助隊、国際協力隊に分割するという改編計画を示した基本法の制定を提案しました。「解編」は、「自衛隊の存在理由」を問い直し、武装組織としての自衛隊を完全に解体し、総合的な災害救援隊に編成し直すという提案をするものでした。

非軍事中立戦略は、「憲法9条をどう生かすか」という難問に憲法学が正面から真摯に取りくんだ成果です。これらの構想の基本的な部分は、現在に至るまで有効性を持ちうるのであって、少なくとも今後の防衛構想の中で有効な選択肢の一つとして検討され続けられるべきであると考えます。

そして、先達たちの英知である非軍事中立戦略の上に議論を積み重ねることこそ、憲法9条を亡きものにしようとする改憲の動きに対して、もっとも有効な対抗策となりうると信じます。

これが本章の結論です。

第3章 日米同盟と「専守防衛」のひずみ

布施祐仁

1　安全保障の「リアリズム」と「理想」

■軍事力で防衛するのが「不向き」な国

安全保障を考える上で一番大切なのは「リアリズム」です。かつての日本は、これを失ってしまったために、国家滅亡の戦争に突き進んでしまいました。当然ながら、「日本は神の国だから絶対に負けない。いざという時には神風が吹く」などという観念で安全保障を考えたら絶対に駄目なのです。

昨今、軍事による安全保障がリアリズムで、軍事に頼らない安全保障は現実離れしていると捉える風潮がありますが、軍事による安全保障が本当に現実に適合しているのかは、よく検討する必要があります。

日本の安全保障をリアルに考えた場合、議論の前提としてまず踏まえる必要があるのは、日本は軍事力によって防衛することが非常に難しい特徴を持っているという事実です。

まず、地形的に、海岸線が非常に長い点です。国土面積は世界で61番目とそれほど大きくありませんが、海岸線が非常に入り組んでおり、その長さは約３万４０００キロと地球１周の約85％に匹敵します。これは世界第6位の長さで、アメリカや中国をも上回ります。海岸線が短ければ、敵国の侵攻を待ち構えてただちに撃退するということも可能ですが、これだけ長いとそれは困難です。

さらに、日本列島は東西に細長く中央部は山岳地帯となっているので「縦深」がなく、日中戦争の時の中国のように、敵を内陸部に引き込んで消耗戦を展開するということもできません。約1億3000万人の人口や工場などの生産拠点は沿岸部の平野に集中しており、ひとたび敵国の上陸を許せば、人口が密集する市街地が「戦場」となり、甚大な被害が生じることが避けられません。島国なので、住民が国外に避難することも困難です。

また、食料やエネルギー資源、工業製品の原材料の大部分を海外からの輸入に頼っており、敵に海上交易路を遮断された場合、戦争を継続することが非常に厳しくなります。太平洋戦争の日本がまさにそうでした。

まして、海沿いに建てられた53基もの原発が攻撃され、原子炉が破壊されようものなら、戦争どころではなくなります。現代はミサイル戦の時代であり、飛んできたミサイルをすべて迎撃するのは不可能なのです。

以上、簡単に述べましたが、これらの事実を直視するだけでも、日本が軍事力によって守るのが難しい特徴を持った国であることがわかります。「戦争は外交の失敗」という言葉がありますが、日本の場合は特に、戦争にならないための外交努力が重要だと言えます。

■本格的な侵略の可能性は低い

一方で、現在の日本政府は、外国軍隊が日本の本土に上陸してきて戦争するような本格的な侵略が発生する可能性はほとんどないと評価しています。近年、ものすごいスピードで軍拡を進めている中国や、日本周辺での軍事活動を活発化させているロシアについても、同じ評価です。

2010年に日本政府が策定した「防衛計画の大綱（防衛大綱）」は、「大規模着上陸侵攻等の我が国の存立を脅かすような本格的な侵略事態が生起する可能性は低い」と明言しました。また、「グローバルな安全保障環境の趨勢《すうせい》は、相互依存関係の一層の進展により、主要国間の大規模戦争の蓋然性《がいぜんせい》は低下」とも述べています。政府のこれらの認識は、現在も基本的に変わっていません。

私も、日本に今、どこかの国が本格的な侵略をしてくる可能性はゼロに近いと考えています。「それは自衛隊と日米同盟の抑止力が働いているからだ」と指摘する人もいるでしょうが、仮にこれらがなかったとしても、日本が本格的な侵略にあう可能性は極めて低いと見ています。

確かに、中国は近年、国際法上の根拠もなく南シナ海の約9割の領有権を一方的に主張し、他国も領有権を主張する岩礁を勝手に埋め立てて人工島を造り、軍事基地化を進めています。ロシアは2014年、ロシア海軍の基地があるウクライナ南部のクリミア半島に侵攻し、クリミア自治共和国を併合しました。

これらはいずれも、国際法秩序を破る行為です。中国の南シナ海における一方的な領有権の主張については、2016年にオランダ・ハーグにある常設仲裁裁判所が「中国側が主張する歴史的な権利には法的根拠がない」とする判決を下しました。ロシアのクリミア併合についても、2014

年に国連総会で併合を無効とする決議が採択されています。しかし、両国とも、これらの「力による現状変更」を止めていません。

このように国際法秩序を破ってでも自国の権益を追求する両国の性格を踏まえてもなお、日本を全面的に侵略する可能性が極めて低いと私が考えるのは、侵略によって得られる利益よりも被る損害の方がはるかに大きいからです。

世界第3位の経済大国の日本には、アメリカをはじめとして世界中の国々が大きな権益を有しています。２０１７年末時点で、外国の政府や個人が日本に有する資産の残高は６８３兆９８４０億円に達しています。このような国を侵略した場合、国際社会が黙っていないでしょう。同時に、世界経済に大激震が走り、侵略した側も経済的に大きな打撃を受けることは避けられません。

「防衛大綱」が指摘したように、経済のグローバル化による相互依存関係の深化は、外国に対する全面的侵略のハードルを極めて高くしています。そして、相手の国の経済規模が大きければ大きいほど、そのハードルは高くなります。日本を全面的に侵略するというのは、南シナ海の岩礁を埋め立てたり、ウクライナを併合するのとはまったくレベルが違う話なのです。

それでは、全面的な大規模侵略ではなく、局地的な小規模侵略の可能性はどうでしょうか。可能性があるとすれば、日本と中国との間で領有権をめぐって主張が対立しており、かつ日本側が実効支配している尖閣諸島（沖縄県）だと思われます。

しかし、これも、いきなり軍隊を送って力づくで占領・奪取するのではなく、後で詳しく述べるように、武装した漁民（海上民兵）や海上警備機関である「海警」を使って巧妙に現状変更を図る

「戦争に至らない準軍事作戦（ＰＯＳＯＷ）」となる可能性が高いと思われます。これに対処するのは原則として日本の海上警備機関である海上保安庁であり、中国側にＰＯＳＯＷを仕掛ける隙《すき》を与えない態勢を敷くことが重要です。

２０１２年に日本政府が尖閣諸島を「国有化」して以降、中国は領有権の主張を既成事実化することを目的に、尖閣諸島周辺の日本の領海や接続水域への公船の侵入を常態化させています。

一方で、中国側も軍事衝突までは望んでいないことを示す軍幹部による論文も発表されています。中国人民解放軍の海軍将校２人が２０１７年４月に軍の内部雑誌に執筆した論文の中で、「尖閣諸島を含む東シナ海で日中の海上軍事危機が起きれば、わが国の平和発展プロセスの重大な障害になる」と述べて、日中の連絡ルートの確立や軍事交流などによって危機を回避すべき、と強調しています。

領有権の主張は絶対に譲れないが、経済に打撃を与える軍事衝突は極力回避したい――これが現在の中国のスタンスなのです。

ロシアも、日本海沿岸で大規模な軍事演習を行ったり、偵察機をたびたび日本の領空に接近させるなど日本周辺での軍事活動を活発化させていますが、北海道など日本の領土に侵攻して占領・併合する意図はないでしょう。北朝鮮は、日本をミサイル攻撃する能力は持っていますが、日本海を渡って日本に侵攻する能力もなければ、その意図もないでしょう。

とはいえ、今すぐに自衛隊も在日米軍もなくしてしまうのは心細いのもまた事実です。戦前の日本が負けるのが確実な対米戦争に突き進んでしまったように、国家は常に合理的な判断を下すとは限りません。どんな平和な村でも家の鍵くらいはかけるように、万が一に備えて最小限の備えをしておきたいという気持ちは自然なものだと思います。

また、侵略して日本の領土を占領・併合する意図はないにしても、外国の軍艦や軍用機が日本の領海・領空に侵入し放題というのでは、とても一人前の主権国家とは言えません。外国の工作員が簡単に上陸・侵入できて、日本国民を拉致できるような国であってもいけません。重火器で武装した「ゲリラ」が現れ、警察では対応できない事態が生じる可能性もあります。やはり、外国による侵略の可能性の大小にかかわらず、領土・領海・領空の警戒と警備の態勢は必要です。

そう考えると、日本への本格的な侵略の可能性がほとんどないとしても、「だから自衛隊は要らない」と単純に言えないのも、また事実です。

■「軍備撤廃」の理想は放棄してはならない

それでも、私は、憲法9条が掲げる「軍備を持たない日本」という理想をあきらめてはならないと思っています。核戦争の危険性を完全になくすためには、核兵器を廃絶するしかないのと同じように、「戦争のない世界」という人類の理想を完全に実現するためには、最終的には軍備を廃絶するしかないと思うからです。

そもそも、軍備撤廃という理想は、日本の憲法9条の専売特許ではありません。古くは18世紀のドイツの哲学者カントが著書『永遠平和のために』の中で常備軍の全廃を主張しましたし、第二次世界大戦後も、ソ連とアメリカがそれぞれ国連に「全面的完全軍備撤廃条約案」を提案し、軍縮委員会などで審議されたこともあります（1962年）。いずれも、段階的に各国の軍備を減らし、最終的には国内の治安維持と国連軍のための兵力だけを残して完全に撤廃するという案でした。

国際紛争を解決する手段としての戦争を放棄し、紛争の平和的解決を規定したパリ不戦条約の締結が1928年ですから、人類の長い歴史からみれば、「戦争のない世界」に向けた挑戦はまだ始まったばかりだと言えるでしょう。

挑戦を始めてから100年も経っていないのに、国家間の戦争が当たり前だった時代から、「侵略戦争は違法」という国際ルールが定着し、経済的相互依存関係の深化ともあいまって国家間の大規模戦争はほとんど起こらないだろうという時代にまで人類は到達しています。

軍備撤廃をあきらめるのには、まだ早過ぎます。大事なのは、現在の国や国民の安全を犠牲にすることなく、この挑戦を続けることです。目の前の安全保障にリアルに向き合いながら、同時に、どうしたら日本と世界の軍備撤廃という目標に接近できるか、その道筋を具体的に考え、行動していくことです。

2　憲法9条の「原点」

現在の日米安保条約ができてから50年目の節目となる2010年に、NHKが日米安保体制に関する世論調査を行いました。この中で、「日本は今後、国の安全を守るために、どのような国を目指していくべきだと思いますか」という設問があり、興味深い結果が出ていました。

1　日米同盟を基軸に、日本の安全を守る……………………………18・9%
2　アジアの多くの国々との関係を軸に、国際的な安全保障体制を築いていく……55・2%
3　日本独自の防衛力だけで、外国からの侵略に備えていく……………7・3%
4　いっさいの防衛力を持たないで、中立を保ち、外交によって安全を築いていく……11・9%
5　その他・わからない・無回答……………………………………6・6%

私はこれを見て、日本の戦後の揺るぎない安全保障政策であった「日米同盟基軸」が意外に低いことにまず驚き、憲法9条の完全実施である「非軍事中立」が1割を超えていたことにもっと驚きました。

ちなみに、今私が同じ質問を受けたら、「2」と答えます。「非軍事中立の本を書いているのに『4』じゃないのか」と突っ込まれそうですが、「2」の実現がないと「4」の実現は難しいというのが私の意見です。だから、まずは「2」なのです。

そもそも、憲法9条制定時の出発点も、「戦力なき日本」は国際的な安全保障体制によって安全を確保するという構想でした。けっして、よく改憲派が「お花畑」と批判するように、「日本が戦力を持たずに他国を信頼して外交すれば、戦争を仕掛けられることはない」といった単純な考えではありませんでした。

日本国憲法を制定した1946年の国会で、当時の吉田茂首相は、憲法9条は侵略戦争だけでなく自衛戦争も放棄したものだと明言しました。

しかし、自衛戦争も放棄するとなると、吉田首相は、日本が外国から侵略された場合、どのように国を守ろうと考えていたのでしょうか。

それについても、吉田首相ははっきりと説明しています。

「武力なくして侵略国に向って如何に国家を防衛するのか、この質問はごもっともでありますが、しかしながら国際平和団体が樹立された後においては、国連の加盟国は国連憲章第43条によりますれば、兵力を提供する義務を持ち、国連自身が兵力を持って世界の平和を害する侵略国に対しては、世界を挙げてこの侵略国を圧伏する、抑圧するということになっております」

（第90回帝国議会衆議院帝国憲法改正案委員会１９４６年７月４日、該当部分の要約）

つまり、侵略された場合は、日本が独自に個別的自衛権を行使して対処するのではなく、軍事的強制措置も含めて国連の集団安全保障措置にゆだねようという考えだったのです。

当時は、国連の集団安全保障によって国の安全を確保するという考えは、単なる「絵空事」ではありませんでした。１９４５年10月24日に国連が発足し、翌１９４６年１月25日に安全保障理事会で採択された決議第１号は、常任理事国各国の軍トップで構成される「軍事参謀委員会」の招集・設立を求めるものでした。「軍事参謀委員会」は、安保理に国連軍編成に関する助言を行い、編成された際にはそれを指揮する機構です。国連軍による集団安全保障という構想は、国際社会のリアルな目標だったのです。

しかし、まもなく東西冷戦が始まり、世界は資本主義陣営と社会主義陣営に分断されます。国連軍の編成をはじめ国連の集団安全保障措置は、「拒否権」を持つ安保理常任理事国が一国でも反対すると実施できません。冷戦が始まったことで、吉田氏が頭に描いていた、日本の国防を国連の集団安全保障措置にゆだねるという構想はリアリズムを失ってしまいます。「９条の挑戦」は、始まってすぐに頓挫《とんざ》してしまったのです。

この国際情勢の変化を受けて、吉田氏も、「戦争放棄の趣意に徹することは、決して自衛権を放棄するということを意味するものではない」（１９５０年１月23日、衆議院本会議）と自衛権の行使を認める方向に転換していきます。そして、朝鮮戦争勃発後の同年８月、吉田首相はＧＨＱ（連合国軍最高司令官総司令部）の指令を受けて、自衛隊の前身である警察予備隊を発足させます。

さらに、翌1951年9月には、ソ連や中国（中華人民共和国）など東側諸国抜きでサンフランシスコ講和条約を結び、同時にアメリカと日米安全保障条約を締結しました。この2つの条約は翌1952年4月28日に発効し、以後日本は、外国からの侵略に対して、自国の個別的自衛権行使と日米安保条約に基づくアメリカの集団的自衛権行使によってそれを排除する国防方針をとります。

戦争直後、いったんは自衛のための軍事力も持たないと決意した日本政府が、再軍備とアメリカの軍事力に頼るように大きくシフトチェンジしたのは、侵略者に対しては国際社会が一致団結して排除するという国連の集団安全保障が冷戦による東西分断で機能しなかったからです。

逆に言えば、集団安全保障が機能する状況をつくることができれば、日本政府が当初構想した「軍備を持たない日本」は、今ほど「現実離れした話」ではなくなります。少なくとも、大幅に軍縮をし、軍事力に頼らない安全保障にシフトしていくことが可能になるでしょう。

そもそも各国の国益がぶつかり合う国際社会で、国連の集団安全保障など機能するわけがないという見方もあります。しかし、世界を見渡せば、地域レベルでの集団安全保障を確立する動きは各地で進んでいます。

私は、日本の外交・安全保障のあり方を中長期的な視野で検討した結果、この道を進むのが日本にとってベストだと考えています。そして、「非軍事中立」を貫く憲法9条の完全実施も、この道の先にしかないと確信しています。

3　ゆがめられた「専守防衛」

集団的自衛権行使を容認して海外での武力行使に扉を開いた安倍政権に、野党第一党の立憲民主党は「専守防衛の自衛隊に戻そう」という主張で対抗しようとしています。

朝日新聞が２０１８年の憲法記念日を前に実施した全国世論調査では、日本の国防の基本方針である「専守防衛」について、69％の人が「今後も維持するべきだ」と答え、「見直すべきだ」は25％にとどまりました。この結果からも、国民の多数は、「専守防衛の自衛隊」を望んでいることがわかります。

しかし、安倍内閣が集団的自衛権の行使を容認するはるか前から、アメリカの軍事力に依存する安全保障政策の代償として、自衛隊の「専守防衛」が大きくゆがめられてきたことは、あまり知られていません。

■米軍防衛に踏み出した「シーレーン防衛」

「専守防衛の自衛隊」と言うと、自衛隊はもっぱら日本を守るための活動に徹しているかのように聞こえます。しかし、自衛隊の活動の実態を詳しく見ていくと、必ずしもそうではないことがわかります。

一番わかりやすい例は、米軍との一体化が最も進んでいると言われている海上自衛隊です。海上自衛隊の最大の特徴は、世界最高水準の「対潜戦」の能力を持っている点です。対潜戦とは、敵の潜水艦を相手に戦う能力のことです。海上自衛隊は、なぜか「対潜戦」に特化したいびつな戦力構成となっています。

なぜ、海上自衛隊は対潜戦に特化しているのでしょうか。日本の領土、領海を守る上で、最大の脅威が外国の潜水艦だからでしょうか。

そうではありません。海上自衛隊が対潜戦に特化しているのは、アメリカがその役割を日本に求めたからであり、米軍を補完するためにそうなっているのです。

そのルーツは、冷戦時代にさかのぼります。

ベトナム戦争（1964〜75年）終結後、事実上戦争に敗れたアメリカはアジア・太平洋地域における軍事プレゼンスを低下させます。その一方で、ソ連は南シナ海に面した戦略的要衝《ようしょう》であるベトナムのカムラン湾に太平洋艦隊の補給基地を置くなど、西太平洋からインド洋にかけての地域で活動を強めます。さらに、1979年にはソ連によるアフガニスタン侵攻が起こります。

こうしたソ連の動きに危機感を抱いたアメリカは、アジア・太平洋地域に配備した米軍をいつでもインド洋や中東方面に緊急展開させる態勢をとるとともに、日本に軍事協力の拡大を求めました。具体的にアメリカが日本に要求したのは、フィリピン以北・グアム以西の海域の「シーレーン防衛」でした。「シーレーン防衛」とは、有事の際、この地域を担任する米第7艦隊の交通線・兵站《へいたん》線を守る任務のことです。

当時の米第7艦隊にとって最大の脅威は、ソ連軍の潜水艦でした。潜水艦は海中深くに潜航して隠密行動をとり、気づかれないように敵艦船に接近して魚雷で攻撃します。これが自由に動き回れる状態だと、米第7艦隊の行動は大きく制約されます。

日本政府はアメリカの要求に応え、西太平洋でソ連潜水艦の脅威から米第7艦隊を守る役割を引き受けました。憲法9条との兼ね合いで「米軍を守るため」とは言えないので、国民向けには、日本の海上交通路を守るためと説明されました。

また、米ソ戦争が起こった時には、津軽、宗谷、対馬の3つの海峡を封鎖し、ソ連の潜水艦が太平洋に出てこられないように封じ込める任務も自衛隊が負いました。特に、戦略核ミサイルを搭載した原子力潜水艦を日本海に封じ込めることができれば、アメリカは米本土への核攻撃を心配することなくソ連を攻撃できるようになり、戦略的に優位に立つことができました。

これらの任務を遂行するために、海上自衛隊は対潜戦に特化した戦力増強を行ったのでした。具体的には、対潜能力を持つ護衛艦や潜水艦、そしてP－3Cという対潜哨戒《しょうかい》機を大増強したのです。P－3Cを100機も調達したのは、米軍を除けば、世界でも日本だけでした。その結果、対潜戦では世界最高水準の作戦能力を持つにいたったのです。

一方、陸上自衛隊はこの頃、ソ連軍が北海道に着上陸侵攻してくる事態を想定し、これに備えていました。しかし、海上自衛隊は北海道に着上陸侵攻を試みるソ連軍の艦船を上陸前に撃退する態勢はとっていませんでした。

日本のように海に囲まれた島国では、敵が上陸してくる前に海上や空で撃退するのが鉄則です。しかし、海上自衛隊が北海道に配備していたのは魚雷艇とミサイル艇それぞれ数隻だけ。海上自衛隊は、ソ連の侵略から日本の国土を直接防衛することよりも、アメリカが要求した西太平洋で米太平洋艦隊を守る「シーレーン防衛」を優先させていたのです。実際、当時の防衛庁の幹部が「海上自衛隊は、米第7艦隊の補助の役割を担えばいい」と発言した記録も残っています（1981年、佐々淳行《さっさあつゆき》人事教育局長）。

このように、自衛隊は日本国内でもっぱら日本の防衛に徹するだけでなく、国外にも出て米軍の打撃力を守る活動も行ってきたのです。それどころか、国土防衛に必要な装備を犠牲にしても、国外での米軍支援のために必要な装備を調達してきたのが実態です。海上自衛隊が100機ものP－3C対潜哨戒機を調達する一方、日本の国土防衛・沿岸防衛のための態勢が手薄だったのはその象徴です。

P－3Cは、1機で四国と同面積の海域の潜水艦を同時監視できると言われています。日本の領域を守るだけなら、100機もの対潜哨戒機は必要ありません。これは日本を直接防衛するための装備ではなく、西太平洋でアメリカがソ連に対して優位に立つための装備だったのです。

しかし、現実的には、互いに核兵器を数万発保有する米ソが戦争するということはまず考えられませんでした。それでも、少しでも相手陣営より軍事的に優位に立とうと覇権争いを繰り広げていたのが冷戦時代でした。この中で、自衛隊もジグソーパズルのピースのようにアメリカの世界戦略に組み込まれていたのです。

その後、冷戦は終わりソ連も崩壊しましたが、海上自衛隊が対潜水艦作戦に特化しているのは今日も変わりません。かつての「仮想敵」ソ連が今は中国に置き換わり、有事の際に中国の潜水艦を琉球列島の内側（東シナ海）に封じ込めて、米第7艦隊の打撃力を守ろうとしているのです。

このように自衛隊の実態を見れば、安保関連法が制定された2015年以前も、日本の国土防衛に徹するという純粋な意味での「専守防衛」ではなかったことがわかります。

■米世界戦略に組み込まれる自衛隊

自衛隊がアメリカのアジア・太平洋戦略の中で米軍を補完する役割を担っているのは、自衛隊が日米安保体制の中で位置づけられてきたからです。

1970年代後半に自衛隊制服組トップの統合幕僚会議議長を務めた栗栖《くりす》弘臣《ひろおみ》氏は、「日本の現在置かれているポジションと自衛力形成の過程を見ますと、陸上自衛隊は米陸軍、海上自衛隊は米海軍、航空自衛隊は米空軍が、それぞれ自分の手足として使う目的で育ててきた」と、自衛隊が米軍の補完部隊であることをあけすけに語りました（月刊『Voice』1985年10月号、65ページ）。

そもそも、自衛隊が外国の軍隊に手足として使われること自体が問題ですが、使われる範囲が当初の日本領域内（日本が武力攻撃を受けた場合）から日本周辺へと拡大され、その後、さらにグローバルへと大きく拡大されてきたのが最大の問題です。

しかし、日本に駐留する米軍自体がグローバルに活動しているわけですから、その米軍との関係が深化すればするほど、自衛隊も米軍のグローバルな活動に引きずられていくのは当然のことと言えます。
日本では、米軍が日本を守るために駐留していると考えている人が少なくありませんが、これは大きな間違いです。
1990年代に陸上幕僚長を務めた冨澤暉《ひかる》氏は、日米安保の性格について次のように述べています。

「『日本の防衛は日米安保により米国が担っている』と考える日本人が今なお存在する。『在日米軍基地は日本防衛のためにあるのではなく、米国中心の世界秩序（平和）の維持存続のためにあり、日本はこれに協力しつつ、その全般平和（秩序）の中で、日本の主権（国土・国民・文化）はあくまでも日本自身、即ち自衛隊が護る』」
（公益財団法人「安全保障懇話会」の会誌『安全保障を考える』645号、2009年2月、「『防衛計画の大綱』有識者懇談会に期待する」、5～6ページ）

また、全国の海上自衛隊の部隊を指揮する自衛艦隊司令官を2007年から2008年まで務めた香田洋二氏も、在日米軍の性格について同様の指摘をしています。

「我が国は防衛任務を専ら自衛隊が担います。その任務から解放された在日米軍は、同盟により全世界に展開する米軍の中で、アメリカの世界戦略を唯一直接支える重要なツールとなっています。このことから、日米同盟に基づく在日米軍は、日本海から中東までの世界のホットスポットに米軍を展開させる際に不可欠な、重要拠点となっているのです」

（『北朝鮮がアメリカと戦争する日――最大級の国難が日本を襲う』幻冬舎新書、２０１７年、１１９ページ）

かつて自衛隊の最高幹部であった2人が、米軍が日本に駐留するのは日本を守るためではなく、日本を拠点にして世界に出ていくためだと証言しているのです。そして、在日米軍が世界をにらんでいられるのも、自衛隊が日本をしっかりと守っているからだ、と強調しているのです。

これらの指摘から、自衛隊が担う「日本防衛」には2つの側面があることが浮かび上がります。一つは、文字通り、日本の国土防衛です。もう一つは、アメリカ中心の世界秩序を守るために存在している在日米軍の拠点を守るということです。

ミサイルなどの脅威に対処する自衛隊の防空任務も、米軍基地を守ることが最優先の任務となっています。意外に思う人が多いかもしれませんが、日本にある米軍基地を守るのは、米軍ではなく、自衛隊の役割なのです。その証拠に、米軍は沖縄の嘉手納基地を除いて在日米軍基地にＰＡＣ3迎撃ミサイル（パトリオット）を配備していません。有事の際には、航空自衛隊のＰＡＣ3部隊が米軍基地に展開することになっているからです。２０１７年に北朝鮮の核・ミサイル開発をめぐって緊張が高まった時、自衛隊のＰＡＣ3ミサイルがよくテレビに登場しましたが、あれは日本国民を守るというより、主に米軍基地を守るためのものなのです。

さらに、海上自衛隊が行っているように、日本の領域外で米軍を守る任務も拡大しています。中国軍の潜水艦の常時監視といった日常的な警戒監視活動だけでなく、新安保法制によって、米軍の艦船や航空機を自衛隊が直接護衛する活動もできるようにしました。

このように、「専守防衛の自衛隊」はただ日本を守ってきたのではなく、日米安保体制の下で、アメリカ中心の世界秩序を維持するために米軍を補完する役割を担ってきたのです。

■日本を再軍備させたアメリカの意図

対潜水上艦艇	70隻（60隻）
潜水艦	25隻（16隻）
P－3C哨戒機	125機（75機）
迎撃戦闘機部隊	14個（10個）
支援戦闘機部隊	6個（3個）
早期警戒機部隊	2個（1個）

これは、アメリカが日本に「フィリピン以北・グアム以西」の「シーレーン防衛」を要求していた1980年代初めにアメリカが日本に求めた軍備増強案です。右のカッコ内の数字は、日本政

府が当時決めていた防衛力整備計画です。

他国に対して、潜水艦を何隻に増やせとか、哨戒機を何機に増やせといった具体的な要求をすることは、本来の主権国家どうしの関係ではありえないことです。しかし、現実にこのような要求がなされ、日本政府はこれに従って、前述したようにP－3C対潜哨戒機を100機も取得したのです。

これは、アメリカと日本の関係、米軍と自衛隊の関係を象徴的に表している事例と言えます。

そもそも、自衛隊を創設する時も、アメリカはその装備や兵力に関して具体的な数字を日本に要求しました。たとえば、陸上自衛隊は10個師団・32万5000人の兵力にすることを要求しました。しかし、当時の吉田茂首相はこれを拒否し、10個師団・18万人としました。吉田首相は、経済成長による復興と国力増進を最優先とするために、外交・安全保障は「軽武装・経済外交」でいくという国家戦略を固めていました。この頃の日本政府のほうが、アメリカの言いなりにならずに日本の国益を主張する気概がまだあったと言えます。

とはいえ、自衛隊の生みの親がアメリカだという事実は変わりません。

自衛隊が創設されたのは1954年ですが、そのルーツは1950年に創設された警察予備隊にあります。

警察予備隊は、朝鮮戦争が勃発した直後の同年7月に、GHQのマッカーサー総司令官が日本政府に創設を指令しました。創設の目的は、表向きには「国内の治安維持」「警察力の増強」と説明されましたが、アメリカ政府の意図は最初から日本の再軍備にありました。

ジャーナリストの末浪靖司《すえなみやすし》さんがアメリカの国立公文書館で入手した当時の米国防総省の内部文

書には、その意図がはっきりと書かれています。
内部文書は、警察予備隊発足直後の1950年8月22日に、米軍トップのブラッドレー統合参謀本部議長からジョンソン国防長官に送られた「トップシークレット」の覚書です。そこには、次のような記述がありました。

「（日本の）軍事的空白というのは異常で、ごく短期間のものである。アメリカは（中略）中立、非武装の日本に存在している真空状態を同時に埋めることをいつまでも続ける立場にはない。反対に、世界戦争が起きた時に、アメリカが日本の戦力を活用できることが、アメリカの戦略にとって極めて重要であり、そして、恐らくは世界戦争で最終的にうまくいく結果をもたらすことになろう。（中略）統合参謀本部は次のように考える。

A　日本は効果的な自衛力をもつために、実質的に適切な再武装をさせる必要がある。

B　アメリカが日本についてとる措置は、すべて再武装した友好国・日本向けの暫定的措置であるべきである。

C　世界戦争に際しては、日本の戦力がアメリカにとって利用できるものであるべきである」

（末浪靖司『機密文書にみる日米同盟――アメリカ国立公文書館からの報告』高文研、2015年、218～219ページ）

ポツダム宣言に基づき完全武装解除され、戦力不保持を明記した新憲法を制定した当時の日本は、文字通りの非武装国家でした。これはアメリカ自身がつくりだしたものでしたが、アメリカは対日政策を180度転換し、日本を再軍備させようとしたのでした。

その目的は、日本に自衛力を持たせて日本防衛に対するアメリカの負担を軽減することに加えて、ソ連を中心とする東側（共産主義）陣営との「世界戦争」が起こった時に日本の戦力を活用できるようにすることにありました。

つまり、アメリカは最初から、日本に自国の防衛に責任を持たせるだけでなく、アメリカの世界戦略のための「手足」として、その戦力を利用しようと考えていたのです。

4　米軍依存と「見捨てられる恐怖」

■「専守防衛」はアメリカの打撃力とセット

日米安保体制の下、日本の「専守防衛」は常にアメリカの持つ攻撃力とセットで考えられてきました。いわゆる「盾と矛の関係」と言われるもので、守りは日本がやり、攻撃はアメリカにやってもらいますという防衛方針です。

日本政府は、自衛隊による「専守防衛」だけでは、日本を守ることはできないと考えてきました。

前出の冨澤暉・元陸上幕僚長も、専守防衛の防衛戦略について、「そもそも『専守防衛』というものは軍事的に成り立たないものである。如何にガードとジャブが上手くても、相手を倒すストレートやフックのパンチを持たないボクサーが勝てないのと同じことである」と指摘した上で、次のように述べています。

「日本が『専守防衛』で何とかやれるのは『自衛隊は盾の役割を担当し、米軍が矛（槍）の役割を果たす』という『日米ガイドライン』による約束があるからである。米国がその約束をとり消した場合には、自衛隊の予算をいくら増やしたところで『専守防衛』の国防はなりたたない、ということを、国民は良く承知しなければならない」

（『軍事のリアル』新潮新書、２０１７年、１５３～１５４ページ）

かつて陸上自衛隊のトップを務めた人物が、「専守防衛」の自衛隊だけでは日本は守れない、米軍の支援があって初めて何とかやれるのだと言っているのです。

「日米ガイドライン（防衛協力の指針）」とは、その名の通り、日米がどのような防衛協力を行うかについて指針を定めたものです。１９７８年に初めて策定され、１９９７年と２０１５年に改定されています。２０１５年に改定された現在のガイドラインには、日本防衛への米軍の支援について、こう記されています。

「自衛隊及び米軍は、日本に対する武力攻撃を排除し及び更なる攻撃を抑止するため、領域横断的な共同作戦を実施する。（中略）米軍は、自衛隊を支援し及び補完するため、打撃力の使用を伴う作戦を実施することができる」

ここで使われている「打撃力」とは、日本を攻撃した国を逆に攻撃することを意味します。この攻撃には、日本への攻撃に用いられている基地（策源地）を叩くというものから、懲罰的に壊滅的な被害を与えるものまであります。いずれにせよアメリカの核戦力も含む強大な軍事力をもって攻撃を加え、戦争に勝利しようというのです。

また、アメリカとこうした約束を結ぶことで、日本を侵略したら米軍の反撃を受けて壊滅的な被害を受けるかもしれないと相手に思わせ、日本への侵略を思いとどまらせるという「抑止力」の効果も期待されています。

■アメリカが打撃力を行使する保証はない

しかし、ここでポイントになるのは、打撃力の使用を伴う作戦を「実施する」ではなく「実施することができる」としている点です。つまり、それをやるかやらないかはアメリカ次第だということです。実際に日本が侵略された際、アメリカが打撃力を使用して侵略を排除してくれる確かな保証は何もありません。

日米安保条約5条は、アメリカの対日防衛義務を定めていると日本政府は説明していますが、条文には「日本国の施政の下にある領域における、いずれか一方に対する武力攻撃」に対し、日米が「共通の危険に対処するように行動する」と書かれているだけで、具体的にどこまで米軍が支援を行う計画なのかは明らかにされていません。

また、アメリカでは原則として議会の承認がなければ政府は戦争を行うことはできません。緊急の場合は大統領の権限で戦争を行うことができますが、既定の期間内に議会の承認が得られなければ戦争を中止しなければなりません。

たとえば、日本と中国の双方が領有権を主張している尖閣諸島をめぐって武力衝突が発生した場合、はたしてアメリカは中国と戦争をする選択を行うでしょうか。

アメリカ政府は、尖閣諸島が日米安保条約5条に基づくアメリカの対日防衛義務の適用対象だと繰り返し明言していますが、自衛隊の作戦に対して具体的にどんな支援をするのかは明らかにしていません。

米軍が軍事介入すれば、核兵器も保有する大国間の戦争になってしまいます。可能性は低いでしょうが、全面戦争にエスカレートした場合、核戦争になる危険性もあります。アメリカの議会は、日本の無人島を守るために、そのようなリスクをおかそうとするでしょうか。日本の無人島を守るために、米軍の兵士たちが中国との戦争で血を流すことをよしとするでしょうか。

私は、その可能性は低いと思います。アメリカは、あくまで「アメリカ・ファースト」の立場で自国の国益を第一に考えて行動するはずです。

実際、米海軍の退役少将マイケル・マクデビッド氏は2013年4月、米議会の諮問委員会で証言し、「無人の島のために中国軍と直接戦闘することは、できる限り回避するべきだ」として、アメリカの関与は後方支援にとどめるべきだと述べました。

■「見捨てられる恐怖」か「巻き込まれる恐怖」か

「同盟のジレンマ」という言葉があります。

これは、有事の際に同盟国から必要な支援を得られないのではという「見捨てられの恐怖」から、そのリスクを減らすために同盟により深く関与すると、今度は同盟国の戦争に否応なく巻き込まれるかもしれないという「巻き込まれの恐怖」が増大するというジレンマのことです。

日本はまさに今、これに陥っているように見えます。

安倍首相は、2004年に出した対談本『この国を守る決意』（扶桑社、63ページ）の中で、次のように述べて、集団的自衛権の行使を容認する必要性を説きました。

「軍事同盟というのは〝血の同盟〟です。日本がもし外敵から攻撃を受ければ、アメリカの若者が血を流します。しかし今の憲法解釈のもとでは、日本の自衛隊は、少なくともアメリカが攻撃されたときに血を流すことはないわけです」

米軍に日本の防衛への関与を強めてもらうためには、自衛隊もアメリカのために血を流さなければならないと言っているのです。この10年後、安倍首相は実際に日米安保を「血の同盟」にすべく、憲法解釈を変更して集団的自衛権行使を容認しました。

集団的自衛権行使を容認しただけではありません。２０１５年４月に日米で合意した新ガイドライン（日米防衛協力の指針）では、冒頭から「日米同盟のグローバルな性質」を強調し、政府が一体となって切れ目のない防衛協力を行うことを宣言しました。

具体的には、アメリカの軍事作戦を後方支援するために、いつでも自衛隊を海外派遣できるようにする法律（国際平和支援法）を制定し、活動地域の縛りも大幅に緩和しました。従来は、自衛隊の後方支援が米軍などの武力行使と一体化しないことを担保するために、自衛隊の活動地域は「非戦闘地域」に限定されていました。「非戦闘地域」とは、現に戦闘行為が起こっていない地域だけでなく、自衛隊の活動実施期間を通じて戦闘行為が行われることがないと認められる地域のことです。新安保法制では、この縛りを緩め、現に戦闘行為が行われていない地域であれば自衛隊が活動できるようにしました。

さらに、これまでは許されていなかった、弾薬の提供や戦闘作戦行動のために発進準備中の航空機に対する給油や整備もできるようにしました。

ＰＫＯ法も改正し、国連が直接統括するＰＫＯだけでなく、アフガニスタンで米軍を中心とするＮＡＴＯ軍が統括したＩＳＡＦ（国際治安支援部隊）のような活動にも自衛隊を派遣できるようにしました。そして、これまでのＰＫＯでは認められていなかった「駆けつけ警護」や「巡回」「検問」「警護」といった治安維持活動までできるようにし、武器使用基準も緩和して任務遂行のための武器使用も認めました。

2003年にアメリカがイラクで戦争を始めた時、本格的な戦闘が終結した後ではありましたが、当時の小泉純一郎政権は特別措置法を制定して自衛隊をイラクに派遣しました。小泉首相は派遣の理由として、イラクの復興支援とともに、北朝鮮の核の脅威に対してアメリカに対応してもらうためにも、アメリカが苦しんでいるイラクの占領に同盟国として協力する必要があることを挙げました。

これも、いざという時にアメリカに守ってもらうためには、アメリカの軍事行動に協力しなければいけないというロジックです。

イラクのサマーワに派遣された陸上自衛隊は約2年8か月の派遣期間中、計13回、22発のロケット弾攻撃を受けました。武装した米兵を中心にクウェート・イラク間を輸送した航空自衛隊のC130輸送機も、たびたび地上からの対空ミサイルの脅威にさらされていたことがわかっています。「大量破壊兵器の脅威」を口実にアメリカが始めたイラク戦争でしたが、結局、イラクで大量破壊兵器は1個も発見されませんでした。戦争の正当性が疑われる中、イラクでは、占領に抵抗する武装勢力と米軍を中心とする多国籍軍との戦闘が泥沼化の一途をたどっていました。そんな中で、いくら自衛隊が「イラクの復興支援のために来た」とアピールしてみても、「敵」である多国籍軍の一員として攻撃対象となるのは当然のことでした。

結果的には、陸上自衛隊も航空自衛隊も一人の殉職者も出すことなく活動を終えることができましたが、殉職者が多数出ていても不思議ではないリスクの高い任務でした。本当に、アメリカのために自衛隊員が血を流す可能性があったのです。

イラクの事例がまさに示しているように、「見捨てられの恐怖」から対米軍事協力を強化していけば、日米の同盟関係は深まるかもしれませんが、アメリカの戦争に巻き込まれるリスクを高めることにもなります。

では、安倍首相の言うように、自衛隊員がアメリカを支援するために血を流したら、米軍は日本が望むときに日本を守るために戦ってくれるのでしょうか。現実の国際政治は、そんな「任侠《にんきょう》映画」のような単純な力学では動いていません。アメリカは、日本のためではなく、冷徹にアメリカの国益を第一に考えて判断を下すことでしょう。

「見捨てられる恐怖」から地球規模での対米協力を強めれば、アメリカの戦争に巻き込まれるリスクは確実に高まりますが、いざという時にアメリカが本気で助けてくれるかどうかはわからないのです。

5　周辺国の「脅威」にどう向き合うか

■自衛隊も「矛」を持つ?

次に、今の日本政府が今後、自衛隊をどのようにしていこうと考えているのかを見てみます。

安倍首相は2017年8月、「防衛計画の大綱」（防衛大綱）の見直しを防衛大臣に指示しました。新しい防衛大綱は、2018年の年末に閣議決定される予定です。防衛大綱は、おおむね10年後くらいまでを念頭に置いて日本の防衛力のあり方を定める基本指針です。

新しい防衛大綱の策定に当たって、安倍首相は「従来の延長線上ではなく、国民を守るために真に必要な防衛力のあるべき姿を見定めていきたい」と抜本的な見直しを行う方針であることを明らかにしました。

「従来の延長線上ではなく」とは、どういうことでしょうか。

そのヒントは、自民党の政務調査会が2018年5月末に取りまとめ、政府に提出した新防衛大綱策定に向けた「提言書」にあります。

「提言書」は、日本に対するミサイル攻撃が発生した時、第二波の攻撃を阻止するために敵の基地を叩く「敵基地攻撃能力」の保有を検討することを提案しています。

「敵基地攻撃能力」の保有については、日本政府はこれまでも、日本に対してミサイル攻撃が行われた場合、「座して自滅を待つべしというのが憲法の趣旨とは考えられない」として、「他に手段がないと認められる限り、誘導弾等の基地をたたくことは、法理的には自衛の範囲に含まれ、可能」だと説明してきました（第24回国会衆議院内閣委員会1956年2月29日、船田中防衛庁長官）。

しかし、実際には敵基地の攻撃は米軍にゆだねることとし、自衛隊はその能力を保持してきませんでした。自民党は、この政策を改め、日本も独自に敵基地攻撃能力の保有を検討すべきだと提案しているのです。

「提言書」を取りまとめる中心になった自民党の中谷元《げん》・安全保障調査会長（元防衛相）は、「毎日新聞」のインタビューに「防衛大綱の見直しで、従来の日米の『矛』と『盾』の関係に踏み込み、（中略）敵基地攻撃について『抑止』という意味でも自衛措置として検討すべきだ」と述べています（２０１８年1月26日付）。

しかし、このインタビューで中谷氏も指摘している通り、敵地に届く巡航ミサイルを持てば敵基地攻撃ができるわけではありません。まず、敵基地の位置を正確に把握する早期警戒偵察衛星が必要ですし、敵基地を守るレーダーシステムを無力化する高度な電子戦・サイバー戦の能力も必要です。こちらのミサイルを攻撃目標に精密誘導するシステムも不可欠です。場合によっては、敵地に特殊部隊を潜入させて直接情報をとってくる能力も必要になります。

これらのものを日本単独で持つのは現実的に困難です。日本が敵基地攻撃能力を持つにしても、結局は、アメリカの打撃力に組み込まれて、その1ピースを担うことにしかならないと思います。アメリカの打撃力への依存を減らすのではなく、むしろ、自衛隊が米軍により深く組み込まれていくことになります。

自民党の「提言書」は、「多用途運用母艦」という言葉を使って、空母の導入も提案しています。防衛省はすでに、約２５０メートルの全通甲板を持つヘリコプター搭載護衛艦「いずも」を空母に改修し、単距離離陸・垂直着陸が可能な最新鋭ステルス戦闘機Ｆ35Ｂを運用することを検討・研究していると報じられています。

空母の運用にあたっては、自衛隊のＦ35Ｂだけでなく、米軍のＦ35Ｂも使えるようにする構想だという報道もあります。そうなれば、これもアメリカの打撃力の1ピースとして組み込まれることになります。

自衛隊の部隊を動かす指揮統制機能も、米軍に組み込まれる形で一体化が急速に進行しています。新安保法制が制定された直後の2015年11月、自衛隊と米軍が平時から一体運用するための新機関「同盟調整メカニズム（ACM）」が設置されました。これには、自衛隊と米軍の幹部級が作戦面の調整を行う、事実上の日米統合司令部とも言える「共同運用調整所（BOCC）」が含まれます。部隊を動かす「頭脳」が一体化すれば、自衛隊はますます米軍の手足として使われるようになるでしょう。

■中国の海洋進出に対抗する「列島線防衛」

自民党の中谷元・安全保障調査会長は「提言書」を発表するにあたって、「列島線防衛」というキーワードを強調しました。

これは、中国の海軍力増強・海洋進出を強く意識した言葉です。中国は、沖縄から台湾、フィリピン、ボルネオ島に至るラインを「第一列島線」と呼び、有事の際にこのラインの内側の航空優勢・海上優勢を確保し、特に米軍の空母打撃群などがこの地域で自由に活動できる状況を阻止する構想（「A2AD（接近阻止・領域拒否戦略）」）を持っています。

中国は、この構想が実現した次には、航空優勢・海上優勢を確立する範囲を小笠原諸島からマリアナ諸島（サイパン・グアム）、パプアニューギニアを結ぶライン（「第二列島線」）にまで広げ、いずれ

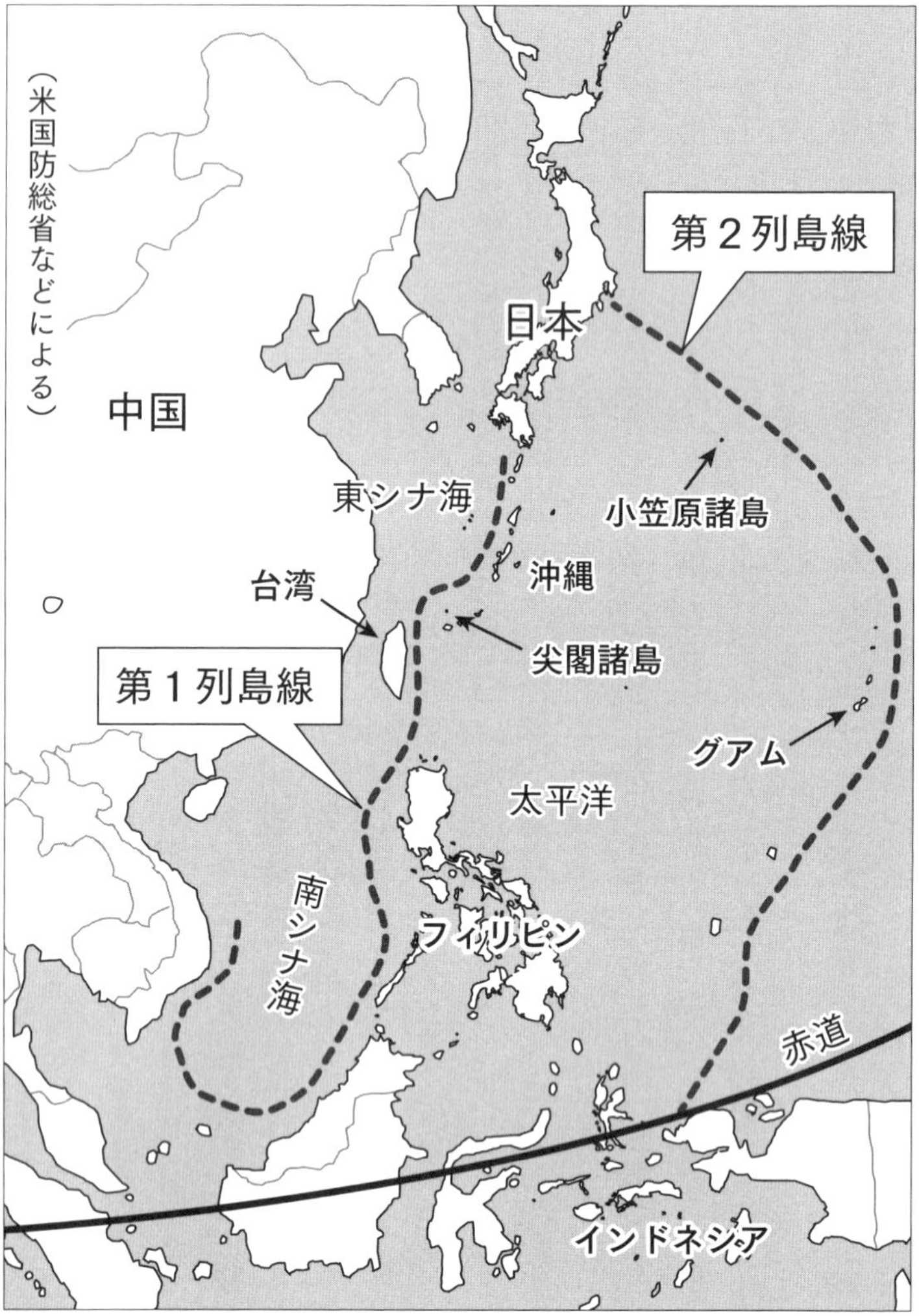
（米国防総省などによる）
第２列島線
日本
中国
東シナ海
小笠原諸島
沖縄
台湾
尖閣諸島
第１列島線
グアム
太平洋
南シナ海
フィリピン
赤道
インドネシア

は西太平洋・インド洋でアメリカに対抗できる海軍の建設を目指しているとされています。

これに対抗して、これまで通り、米軍（＋自衛隊）の航空優勢・海上優勢を維持し、いざという時は米軍の空母打撃群などがいつでもこの地域に展開し、自由に活動できる状況を保とうというのが「列島線防衛」です。

具体的には、有事の際に、日米で共同して「第一列島線」の内側に中国軍を封じ込めようとしています。その中での海上自衛隊の最大の役割は、冷戦時代から培ってきた対潜戦能力を生かした中国の潜水艦の監視です。特に、戦略核ミサイルを搭載した潜水艦を「第一列島線」の内側に封じ込めることができれば、アメリカは米本土への核攻撃を心配することなく中国を攻撃できるようになり、戦略的に優位に立つことができます。

このために海上自衛隊は、対潜戦能力をさらに高めるために、潜水艦や護衛艦の増強や新型の対潜哨戒機の導入などを進めています。さらに、列島線上の島々に自衛隊の基地を新たに造り、有事の時には対艦ミサイルによる「南西の壁」をつくって中国の海軍が西太平洋に進出できないようにする構想まであります。

冷戦時代のソ連軍に対する「三海峡封鎖」構想を超える壮大な戦略ですが、はたして日本の安全を確保するためにそこまでする必要があるのでしょうか。

「中国封じ込め」は日本防衛に必要か

私は、日本の安全保障のために、そこまでする必要はないと考えています。その理由は、主に以下の4点です。

【第一の理由は、日本が現実的に直面している脅威に比べて、あまりにも非対称で釣り合っていないからです】

いくら中国が脅威だと言っても、中国が日本の占領や併合を目的として総攻撃を仕掛けてくる危険性が現実にあると考えている人はいないでしょう。すでに述べたように、日本政府も「主要国間の大規模武力紛争の蓋然性は低い」（防衛大綱）という認識です。

現実的に起こり得るとすれば、たとえば、中国も領有権を主張する尖閣諸島をはじめとする島嶼《とうしょ》部への限定的かつ小規模な侵攻です。これも、いきなり軍による海空一体となった侵攻作戦を仕掛けてくる可能性は低いでしょう。国際的な非難が集中し、不利な立場に置かれることが明らかだからです。

可能性があるとすれば、軍ではなく、海警（日本の海上保安庁に当たる）や海上民兵による「POSOW（戦争に至らない準軍事作戦）」と呼ばれる行動です。

海上民兵とは、普段は漁民として漁業に就きながら軍事訓練も受け、求められた時には軍を支援する武装した市民のことです。南シナ海では、この海上民兵の漁民を巧みに使ったPOSOWによって、他国も領有権を主張する岩礁や海域における実効支配を強めています。中国が軍を出さず海警や海上民兵を使っているのは、国際的な非難を極力回避しようとしているのと、相手が東南アジアの小国であっても戦争にはしたくないからです。

尖閣諸島の実効支配を中国が奪いにくるとすれば、まずは海上民兵の漁民を上陸させて、それを保護するという名目で海警なども介入するというシナリオが考えられます。その時に、まず対応するのは海上保安庁と警察です。いきなり自衛隊を出して交戦にでもなったら、中国は国際社会に対して「軍事的な攻撃は日本から仕掛けてきた」と主張するでしょう。これでは相手の思うつぼです。

重要なのは、つけ入る隙を作らず、挑発にも乗らず、毅然と対応することです。そのためにも、海上保安庁と警察が中国の海上民兵や海警を相手に日本の実効支配を守れるよう、十分な権限と装備を与える必要があります。

一方、いま海上自衛隊が力を入れようとしている中国海軍の「封じ込め」は、米軍が中国軍に阻止・妨害されることなくこの地域に空母打撃群などの部隊を展開できるようにするのが目的です。つまり、米軍の打撃力＝中国本土に核攻撃も含めて壊滅的な被害を与えられる攻撃力を必要とすることが前提となっています。

このような打撃力が「尖閣有事」に必要ないことは明らかです。そもそも、すでに述べた通り、無人島の尖閣諸島のためにアメリカがこのような打撃力を使うことはまずないでしょう。

核兵器の打撃力が限定小規模侵攻を抑止できないことも歴史が証明しています。1982年に勃発したフォークランド紛争では、イギリスが核保有国であったにもかかわらず、アルゼンチンは領有権を主張する大西洋のフォークランド諸島に侵攻しました。アルゼンチンは、イギリスが小さな島の領有権をめぐる局地戦に勝利するために、アルゼンチン本土を核攻撃することはないと見越していたのです。

【第二の理由は、「安全保障のジレンマ」を考慮した時、むしろ日本にとってはリスクを高めることになるからです】

ある国の脅威に備えて軍備を増強すると、その国も対抗して軍備を増強するので、果てしない軍拡競争となり、かえって安全保障上のリスクが高まることを「安全保障のジレンマ」と言います。

アメリカと日本が中国海軍の「封じ込め」のために艦艇や航空機、ミサイルを増強すれば、中国もそれを突破できるだけの艦艇や航空機、ミサイルを持とうとするでしょう。果てしない軍拡競争となり、軍事的緊張が高まり、偶発的衝突の危険性も増大します。

アメリカの西太平洋における覇権の維持のための「中国封じ込め」とはいえ、万が一「覇権争い」が本当の戦争に至ってしまった場合、アメリカと中国に挟まれた日本が戦場になることは避けられません。

アメリカには、対中軍事戦略として「エア・シー・バトル」や「オフショア・コントロール」といった戦略構想があります。前者は、中国の「A2AD（接近阻止・領域拒否）戦略」を実力で打ち破って戦争に勝利するという攻撃的な構想であるのに対して、後者は中国本土のインフラを破壊するような攻撃は行わず、海上封鎖を行って中国の海上交通路を切断し、「兵糧攻《ひょうろうぜ》め」にして中国に根を上げさせるという構想です。

いずれも、第一列島線上の南西諸島の島々を「防波堤」のようにして中国軍を封じ込めるものであり、いざ米中激突となれば、南西諸島の軍事基地や周辺海域にいる艦船は中国の最大の攻撃目標となります。海上自衛隊の幹部が執筆したオフショア・コントロール戦略に関する論文でも、米中戦争になった場合、「在沖縄の自衛隊及び米軍の飛行場は中国の弾道ミサイル攻撃の目標になるほか、第一列島線を防衛する艦艇等も中国の対艦弾道弾及び航空兵力による重大な脅威に晒されることになる」と指摘しています（海上自衛隊幹部学校『海幹校戦略研究』第4巻第1号、2014年6月）。

日本はこのようなリスクを負うべきではないでしょう。米中の覇権争いのために、沖縄を再び戦場にしてはなりません。

【第三の理由は、相手に壊滅的な被害を与えられるだけの打撃力を持つことによって自国の安全を確保するという考え方自体がそもそも、今の国際関係に合わなくなっているからです】

いまや国家間の経済的な相互依存関係が深化し、特にGDP（国内総生産）世界トップ3のアメリカと中国と日本は互いに切っても切り離せない関係になっています。

アメリカ貿易相手国ランキングで、中国は輸入先で1位、輸出先で3位となっています（2017年）。中国の貿易相手国ランキングでは、輸入先も輸出先もアメリカが1位です。日本の貿易相手国ランキングでは、輸入先は1位が中国、2位がアメリカ、輸出先は1位がアメリカ、2位が中国です。

アメリカの国債の保有額も1位が中国で日本がそれに続いています。中国は2018年6月現在、

1兆1800億ドル（約130兆円）もの米国債を保有しているのです。

こうした経済的な相互依存関係の中で、相手に壊滅的な被害を与えるような本格的な戦争を行えば、自国の経済にも深刻な打撃を与えることになります。逆に言えば、戦争を絶対に起こさないことが共通の利益になる状況なのです。

経済的な相互依存関係はほとんどなく、資本主義と社会主義というイデオロギーの対立があり、「共通の利益」を見出すことが難しかった米ソ冷戦時代とは、まったく違う国際関係になっているのです。

冷戦時代に生まれた、相手に壊滅的な被害を与えられるだけの打撃力を持つことによって自国の安全を確保するという考え方自体が、現代の国際関係に合わなくなっていると思います。

広島県の湯崎英彦知事は2018年8月6日に広島で開かれた被爆73周年の平和記念式典で、次のような分かりやすい例をあげて、核抑止力に頼る安全保障を批判しました。

「核抑止力の本質は何か。簡単に子どもに説明するとすれば、このようなものではないでしょうか。

『いいかい、うちとお隣さんは仲が悪いけど、もし何かあれば、お隣のご一家全員を家ごと吹き飛ばす爆弾が仕掛けてあって、そのボタンはいつでも押せるようになってるし、お隣さんもうちを吹き飛ばす爆弾を仕掛けてある。一家全滅はお互い、いやだろ。だからお隣さんはうちに手を出すことはしないいし、うちもお隣に失礼はしない。決して大喧嘩にはならないんだ。爆弾は多分誤作動しないし、誤ってボタンを押すこともないと思う。だからお前は安心して暮らしていればいいんだよ。』

一体どれだけの大人が本気で子供たちにこのような説明をできるというのでしょうか。

良き大人がするべきは、お隣が確実に吹き飛ぶよう爆弾に工夫をこらすことではなく、爆弾はなくてもお隣と大喧嘩しないようにするにはどうすればよいか考え、それを実行することではないでしょうか。」

私もまったく同感です。相互依存関係が深まり、経済的繁栄とその前提となる平和が各国共通の利益になっている今日の世界に、自宅に鍵をかける必要はあっても、「お隣のご一家全員を家ごと吹き飛ばす爆弾」を仕掛ける必要などありません。

実際、世界の大半の国は大国と軍事同盟を結ばず、その核抑止力に依存せずに国を守っています。2017年の7月には、米ニューヨークの国連本部で、核兵器の使用や保有、製造、実験、威嚇、支援などを包括的に禁止する核兵器禁止条約が、全193の国連加盟国のうち122か国の賛成で採択されました。自国の安全保障に他国を壊滅できるだけの攻撃力は必要ないというのが、今日の世界の大勢です。

【第四の理由は、日本の安全保障をアメリカの打撃力に依存することは財政上の大きなコストを伴い、かえって国力が削がれるからです】

有事の際に中国海軍を「第一列島線」の内側に封じ込める態勢をとるには、潜水艦や護衛艦、対潜哨戒機、早期警戒機、戦闘機、対艦ミサイル、防空ミサイル、レーダーなどの軍備を増強しなければなりません。増強すれば、中国も封じ込められないようにするために対抗して軍備を増強するでしょう。

こうして果てしない軍拡競争のサイクルに陥っていった場合、防衛予算も膨れ上がっていくことになります。

新たな防衛大綱の策定に向けて自民党が取りまとめた「提言書」は、防衛費について、「NATOが対GDP（国内総生産）比2％達成を目標としていることを参考に、必要かつ十分な予算を確保する」ことを提案しています。

対GDP比2％とは10兆円規模を意味します。2018年度の防衛予算は5兆1911億円ですから、ほぼ倍額に増やすべきだと言っているのです。

アメリカも自国の負担軽減のために、同盟国に防衛費の増額を要求しています。

防衛予算が大きく膨らめば、その分、社会保障や教育など民生に関する予算が削られることになります。これから本格的な少子高齢化社会を迎える中で、かえって国力を削ぐことになります。

冷戦時代、アメリカとソ連は覇権を争って果てしない軍拡競争に陥り、「相互確証破壊」と言って、全面戦争になれば確実に双方とも完全に破壊し尽くされる程の核兵器を保有するに至りました。ソ連はアメリカをしのぐ核戦力を持ちましたが、軍事費が民生予算を圧迫して国力が削がれ、経済的繁栄で西側諸国に大きく立ち遅れ、最後には戦わずして国が崩壊しました。

このような愚かな失敗を繰り返してはなりません。そのためには、軍事費はなるべく低く抑え、子育てや教育・研究にうんと力を入れるのが、超少子高齢化時代の日本がとるべき道です。

アメリカから「見捨てられる恐怖」におびえる日本政府は、アメリカとの関係を良好に保つためにアメリカ製の高額な兵器を購入してきました。しかし、そのことが日本の防衛に責任を持つ自衛隊の形を大きくゆがめてきたのも事実です。

戦闘機などの高額な兵器は分割払いにして購入しています。その分割払い分がどんどん膨らみ、現在は防衛費総額の4割にまで達しています。その結果、自衛隊の訓練や日常の活動にかかる経費が圧迫され、燃料費の不足から航空機のパイロットの訓練時間が減らされたり、機体の十分な整備ができないといった状況も生まれています。そして、これらが航空機の事故の増加にもつながっているのです。

また、部隊の厚生費も切り詰められ、トイレットペーパーも隊員たちからお金を集めて買っているという冗談みたいな話もあります。いざという時には命をかけて任務に当たる自衛隊員たちが日常置かれている環境がこれでは、士気にもかかわります。

本来、日本を守るための日米同盟なのに、それが日本の防衛を危うくしているならば、本末転倒です。アメリカのほうばかり見るのではなく、日本を守るためにリアルに何が必要なのか、もっと足元の現実を直視して考える必要があると思います。

6　日本の安全保障政策はどうあるべきか

■アメリカ依存から脱し、真の「専守防衛」に

それでは、日本の国土と国民の安全を守るために必要な「等身大の安全保障政策」とはどのようなものなのでしょうか。私は、以下のように考えています。

まず、自衛隊と日米安保体制の存在を前提としつつ、アメリカの「矛」＝打撃力（核戦力も含めて相手に壊滅的な被害を与えられるだけの攻撃力）への依存度を徐々に減らしていきます。

すでに見てきたように、アメリカの防衛戦略はアメリカ中心の世界秩序（覇権）が維持されることが世界の平和と安定をもたらすという考え方なので、それと完全に一体化するのは高いリスクとコストをもたらします。よって、完全に一体化するのを避けるためにも、アメリカの「矛」＝打撃力には極力頼らず、日本の防衛は最大限自力で行う態勢をとります。アメリカの世界戦略の1ピースとなって米軍を補完する自衛隊から、真に専守防衛の自衛隊にシフトチェンジするのです。

アメリカの「矛」に頼らないからといって、自衛隊が代わりに「矛」を持つ必要はありません。日本政府が評価している通り、経済の相互依存関係が深まっている現在、「主要国間の大規模武力

紛争の蓋然性は低い」（防衛大綱）からです。日本が直面している現実的な脅威は、国家によるものとしては、限定小規模侵攻です。これに対処するのに、核戦力も含めて、相手に壊滅的な被害を与えられるだけの強大な「矛」は必要ありません。

当面予見しうる将来において、日本が最も警戒すべき外国による「侵略」は、前述したように、尖閣諸島をはじめとする島嶼への限定的かつ小規模な侵攻です。それも、海上民兵などを用いた「POSOW（戦争に至らない準軍事作戦）」です。こうした作戦を許さないために何よりも必要なのは、海上保安庁や警察の対処能力の整備です。

尖閣諸島周辺では、中国の海警の公船がたびたび日本の領海に侵入しています。1000トン以上の大型巡視船の数で比較すると、海上保安庁は62隻と中国海警（146隻）の半分以下です。また、中国海警は1万トンを超える世界最大の公船を持っていますが、海上保安庁で最も大きい巡視船は6500トンです。

海上保安庁で対応できない場合は、「海上警備行動」が発令され、海上自衛隊が出ていくことになっています。海上保安庁と中国海警の装備に大きなギャップがあると、海上自衛隊がすぐに出動しなければなりません。これは前述したように、中国側に「日本が先に武力行使してきた」と主張する口実を与えかねません。

中国の漁民が尖閣諸島に不法上陸した場合は、まずは沖縄県警の警察官が対応することになります。漁民が海上民兵で武装している場合には、それに対処できる武器と権限を日本の警察も持つ必要があります。

また、限定的かつ小規模な侵攻を許さないために、隙のない警戒監視活動を行う必要があります。海上自衛隊の警戒監視活動も、西太平洋・東シナ海における米軍の海上優勢維持のための中国潜水艦の監視よりも、日本の領域警備を優先します。

こうした警戒・警備体制の強化とともに、軍事衝突を防止する外交努力も必要です。

2018年9月に首脳会談を行った安倍首相と中国の習近平国家主席は、尖閣諸島を含む東シナ海を「平和、協力、友好の海」とするよう共に努力することを確認しました。また、1978年に締結された日中平和友好条約は、「すべての紛争を平和的手段により解決し、武力又は武力による威嚇に訴えないことを確認する」（1条）と明記しています。この原則に基づき、両国間のいかなる問題も武力に訴えずに平和的に解決することを重ねて確認することが重要です。

2018年6月には、自衛隊と中国軍の偶発的衝突を防止する「海空連絡メカニズム」の運用がスタートし、9月には尖閣諸島の「国有化」以来、中断していた自衛隊と中国軍の佐官級交流事業が6年半ぶりに再開され、自衛隊の代表団が訪中しました。こうした取り組みを重ねることで、相互不信を取り除くことが必要です。

日本にとって死活的に重要な海上交易路の安全を確保するためにも、尖閣諸島周辺での軍事衝突を防止・抑止する努力を不断に行っていくことが重要です。

もう一つの「脅威」とされている、北朝鮮のミサイルに対しては、どう備えればよいのでしょうか。

現在、日本政府は、地上配備型迎撃ミサイルシステム「イージス・アショア」2基（約5000億円）の導入を決めるなどミサイル防衛システムの強化に力を入れています。

確かに、北朝鮮は日本全土をほぼ射程に収めるミサイルを数百発配備しているとみられており、能力的には脅威となり得ます。しかし、発射から7～8分で日本に到達するミサイルを、すべて迎撃するのは困難です。「飽和攻撃」と言って、こちらの迎撃能力を超える量のミサイルを一度に撃ち込まれた場合は、なおさらです。しかも、日本海の沿岸部には27基もの原発が存在し、それらにミサイルが命中した場合、広範囲にわたって壊滅的な被害を受ける可能性があります。

それにもかかわらず、日本政府は原発に迎撃ミサイルを配備していません。この事実一つとってみても、日本政府は北朝鮮の弾道ミサイルの脅威を差し迫ったリアルなものとして捉えていないことがわかります。

それにもかかわらず、日本政府はこれまでに、実に5兆円を超える税金をミサイル防衛のために使ってきました。そして、さらに5000億円をかけてイージス・アショアをアメリカから購入するというのです。

また、イージス・アショアも含めて日本のミサイル防衛システムはアメリカのミサイル防衛システムに組み込まれており、アメリカ防衛を最優先に運用される可能性が高いと言えます。アメリカがイランのミサイルの脅威を理由にルーマニアとポーランドに配備したイージス・アショアも米本土に向かうミサイルの迎撃が最大の目的となっていますが、日本のイージス・アショア導入も米本土や米太平洋軍の拠点であるハワイやグアムの防衛に貢献することが隠された本当の目的です。

このように、莫大なコストがかかり、アメリカの政府や軍需産業を喜ばすことはできても、日本の防衛にはあまり役立たないのがミサイル防衛システムです。そもそも、北朝鮮の核兵器やミサイルは、アメリカの攻撃を抑止し、現体制を維持するために開発されたものであり、北朝鮮の側からいきなり日本を攻撃してくる可能性は極めて低いでしょう。可能性があるのは、アメリカが北朝鮮を先制攻撃した場合に、反撃として日本に撃ってくるケースです。これは、北朝鮮も明言していま す。北朝鮮のミサイルの脅威から日本を守るには、何よりも戦争にしないための外交努力に力を尽くすべきです。

一方、日本国民の生命や財産にとって最大の現実的脅威は、大規模自然災害です。内閣府が２０１８年１月に実施した自衛隊・防衛問題に関する世論調査でも、自衛隊に期待する役割を「災害派遣」と答えた人が79・２％と最も高く、「国の安全の確保」の60・９％を上回りました。

しかし、現在の自衛隊法では、国の防衛が「主たる任務」で、災害派遣はそれに差し支えない範囲で行う副次的な位置づけとなっています。国民の期待に応えるには、災害派遣を国の防衛と並ぶ「主たる任務」に格上げすることも含めて、災害派遣のための態勢も抜本的に強化すべきです。

アメリカの「矛」に頼ろうとするから、常に「見捨てられる恐怖」に怯《おび》え、アメリカから高価な武器を買って大盤振る舞いすることも含めて対米協力に前のめりになってしまうのです。この思考から脱却することができれば、コストを増やすことなく、海上保安庁の装備や自衛隊の災害派遣のための装備を充実させるなど、真に日本国や日本国民を守るために必要な態勢を強化することが可能となります。

そんなことをしたら、アメリカの側から日米同盟を破棄されるのでは、と不安に思う人がいるかもしれません。しかし、すでに述べたように、アメリカにとって在日米軍基地はアメリカ中心の世界秩序を維持する上で不可欠な戦略的価値があり、日本に基地を置くこと自体が最大のメリットなのです。日本が協力のレベルを下げたくらいで、アメリカがその基地を失う選択をすることはないでしょう。

■北東アジアの集団安保体制と非核兵器地帯を

「日本の防衛だけに専念するのは、一国平和主義ではないか」――おそらく、そう思われる人もいると思います。

もちろん、日本は、自国の安全だけでなく、地域や世界の平和と安定にも役割を果たす責任があります。

その責任を、これまでのような自衛隊による米軍の補完ではなく、いま一度、憲法制定時の「原点」に立ち返って、国際的な多国間安全保障体制の構築に向けた外交努力によって果たしていくことを提案したいと思います。

日本にとって、アメリカの「矛」への依存度を減らすことによる最大のメリットは、外交・安全保障政策の自主性を高められる点にあります。それによって、中長期的な方向として、東北アジアあるいは東アジアという地域での集団安全保障体制構築のための外交を展開することができるようになります。

アメリカの「矛」に依存し、「見捨てられる恐怖」に怯えているうちは、このような自立した外交をねばり強く進めていくのは困難です。アメリカに反対されたら、それ以上、何もできないからです。2009年に鳩山由紀夫首相（民主党）が「東アジア共同体構想」を打ち出しましたが、アメリカから「東アジアから我々を排除するのか」と強い反発を受けて早々に頓挫したのは、その証です。

特定の国家や軍事ブロックを仮想敵として共同で対抗する軍事同盟による安全保障よりも、特定の仮想敵を想定せず、すべての国が安全保障で協力し合い、いざ侵略や平和を脅かす行為が起こった時には集団でこれに対処するという集団安全保障のほうが、安全保障のあり方として望ましいのは言うまでもありません。軍事同盟には、常に「安全保障のジレンマ」や「同盟のジレンマ」がつきまとうからです。冷戦時代の世界のように覇権を競い合って対抗するより、共通の利益を守るために協調したほうが、より安いコストで、世界はより安定します。

ヨーロッパでは、冷戦時代は、アメリカを盟主とするNATOとソ連を盟主とするワルシャワ条約機構という2つの多国間軍事同盟が対立・対抗していました。しかし、冷戦の終結でワルシャワ条約機構が解体されると、NATOはロシアも含む旧東欧諸国との信頼を醸成するために、「平和のためのパートナーシップ（PfP）」の枠組みをつくりました。また、両者の間で「欧州通常戦力条約（CFE条約）」も結ばれ、戦車、装甲車、火砲、戦闘機、戦闘ヘリコプターなどの通常戦力の軍縮で合意しました。ヨーロッパには、「欧州安全保障協力機構（OSCE）」という世界最大の地域的安全保障の枠組みもあります。

東南アジアでも、地域的安全保障の枠組みづくりの努力が進んでいます。
東南アジアにはかつて、「東南アジア条約機構（SEATO）」という共産主義陣営に対抗するための多国間軍事同盟がありました（加盟国はアメリカ、イギリス、フランス、オーストラリア、ニュージーランド、パキスタン、フィリピン、タイ）。しかし、軍事同盟としてほとんど機能せず、1977年に解散しています。

代わって存在感を増してきたのは、「東南アジア諸国連合（ASEAN）」です。当初は反共連合的な色彩が強かったものの、ベトナム戦争後の1976年には内政不干渉や紛争の平和的解決などを原則とする「東南アジア友好協力条約（TAC）」を締結。冷戦終結後の1994年には、安全保障に関する対話の枠組みとして、ASEAN加盟国に加えてアメリカ、中国、ロシアなど域外の大国も巻き込んで「ASEAN地域フォーラム（ARF）」を立ち上げるなど、多国間の協調的な安全保障体制を目指すようになっています。

さらに、翌1995年には「東南アジア非核兵器地帯条約（SEANWFZ）」に署名。2002年には、南シナ海の領有権をめぐってASEAN諸国と対立する中国と、紛争の平和的解決を目指す「南シナ海における関係国行動宣言（DOC）」を締結しました。そして、翌2003年には、「政治・安全保障共同体」「経済共同体」「社会・文化共同体」から成る「ASEAN共同体」の2020年までの構築を目指すことで合意。2007年には、ASEAN共同体構築の目標を5年間前倒しして、2015年とすることを決めました。2010年からは、ASEAN加盟国にオーストラリア、中国、インド、日本、ニュージーランド、韓国、ロシア、アメリカの域外8か国を加えた拡大ASEAN国防相会議（ADMMプラス）も発足させています。

２０１５年11月、マレーシアの首都クアラルンプールで開かれたASEAN首脳会議は、「ASEAN共同体」の設立を宣言しました。マレーシアのナジブ首相は会議の閉幕あいさつで、１９６７年のASEAN結成当時の東南アジアを振り返り、「東南アジアはアジアの〝バルカン半島〟として、かつては紛争の発信源だったが、いまや紛争の平和的解決の発信源の一つに浮上した」と評価しました。

現在（２０１８年９月）も、ASEANは中国との間で、２００２年に結んだ「南シナ海における関係国行動宣言（DOC）」を法的拘束力のある「行動規範（COC）」に格上げするための交渉をねばり強く行っています。

中国は、国際法上根拠のない「九段線」という境界線を勝手に引いて南シナ海のほぼ全域の領有権を主張し、岩礁を埋め立ててつくった「人工島」に滑走路や港湾施設を建設して軍事拠点化を進めています。ASEAN諸国はこれに警戒感を強めていますが、少なくとも紛争を戦争にしないことが共通の利益だという認識では一致しています。

中国も、かつて（１９７０～80年代）は軍隊を派遣して実力で他国が実効支配する島嶼を奪取することもありましたが、２００２年に「行動宣言」を結んで以降は、武力を行使して他国が実行支配する島嶼を奪取することはしていません。

このように、中国と軍事的に対抗するのではなく、中国も含めて戦争を防止するための国際秩序づくりを進めてきたASEANの努力は非常に教訓的です。

そのほか、アフリカでも２００１年に「アフリカ連合（AU）」が設立され、「アメリカの裏庭」

と呼ばれていた中南米でも2011年に「中南米カリブ諸国共同体（CELAC）」が設立されるなど、地域的な安全保障協力の枠組みづくりは各地で進んでいます。

こうした動きがまったく進んでいないのが、残念ながら日本が位置する東北アジアです。その最大の原因が、朝鮮半島の緊張です。朝鮮半島では、1950年に始まった朝鮮戦争が1953年に休戦したまま今日まで正式な終戦に至らず、韓国・アメリカと北朝鮮の敵対関係が続いてきました。

しかし、2018年4月に韓国の文在寅《ムン・ジェイン》大統領と北朝鮮の金正恩《キム・ジョンウン》労働党委員長の首脳会談が板門店で開かれ、朝鮮半島の非核化と朝鮮戦争の終戦を目指すことで合意しました。続いて6月にシンガポールで開催されたアメリカと北朝鮮の首脳会談でも、両国が朝鮮半島の非核化と恒久的な平和体制構築を目指すことで合意しました。さらに、9月に平壌で開催された南北首脳会談では、朝鮮半島で敵対行為の全面的禁止で合意し、飛行禁止区域・緩衝海域の設定や「南北軍事共同委員会」の稼働など偶発的な武力衝突を防止する様々な処置を決めました。朝鮮半島の非核化と朝鮮戦争の終戦が平和的に外交によって達成されれば、東北アジアの地域的な安全保障協力の枠組みをつくる可能性が大きく広がります。

韓国の文在寅大統領は2018年8月15日（韓国では、日本の植民地支配から解放された光復節）の演説で、北東アジア6か国（韓国、北朝鮮、中国、日本、ロシア、モンゴル）にアメリカを加えた7か国で「東アジア鉄道共同体」をつくる構想を初めて提唱しました。そして、「この共同体は、私たちの経済の地平を北方大陸まで広げ、北東アジアの共生繁栄の大動脈となり、東アジアエネルギー共同体と経済共同体に繋がるだろうし、北東アジア多国間平和安保体制に進む出発点になるだろう」とその展望を語りました。

日本も、日米同盟一本やりの対米追随外交を改め、韓国と共に北東アジアの多国間安保体制の構築に向けて足を踏み出す時です。また、「朝鮮半島の非核化」をもう一歩前に進めて、「北東アジア非核兵器地帯条約」を日本政府が提唱することを提案したいと思います。

非核兵器地帯は、域内国による核兵器の開発、保有、実験、使用などを条約によって禁止するもので、これまでにラテンアメリカ・カリブ、東南アジア、南太平洋、アフリカ、中央アジア、南極などで結ばれています。ラテンアメリカ・カリブと南極の非核兵器地帯条約には5つの核保有国も署名・批准しており、この地域では核兵器の使用が禁止されています。

朝鮮半島の非核化と同時に、日本もアメリカの「核の傘」から抜け出し、核保有国も巻き込んで北東アジア非核兵器地帯条約を締結することができれば、日本の安全保障環境が大きく改善するばかりか、北東アジアの多国間安保体制の構築に向けても大きなアクセルとなるでしょう。

こうした外交政策は、日米安保条約を破棄しなくても進めることは可能です。現に、韓国は韓米同盟の下で朝鮮半島の非核化を進めようとしていますし、アメリカの同盟国であるフィリピンもASEANの中で多国間安保体制構築に努力し、東南アジア非核兵器地帯条約に署名・批准していいます。アメリカも含めた東北アジアの平和と繁栄のための地域協力の枠組みをつくることができれば、この地域はより安定し、長期的に見たらアメリカにとっての利益にもなるはずです。

北東アジアの多国間安保体制が十分に機能するものになっていけば、日米安保条約の発展的解消も視野に入ってくるでしょう。そもそも、日米安保条約は10条で「この条約は、日本区域における国際の平和及び安全の維持のため十分な定めをする国際連合の措置が効力を生じたと日本国政府及びアメリカ合衆国政府が認める時まで効力を有する」としており、国連の集団安全保障が実現するまでの暫定的な安全保障として位置づけられているのです。

軍事同盟で対抗し合うのではなく、地域の平和と繁栄という共通の利益のために協力し合う関係が深まっていけば、信頼醸成が進み、集団的な軍縮も可能となります。そうなれば、国民の中でも、お互いに隣国の存在を脅威に感じたり、不安に思う感情が徐々に減っていくはずです。

ここまでもっていくことができれば、ようやく、日本国憲法制定時に吉田茂首相が語った「軍備を持たずに国家を防衛する構想」の可能性が少し見えてくることでしょう。遠く険しい道のりですが、憲法9条の理想を手放さずにこの道を歩み続けるのが、かつて侵略戦争で世界の人々に甚大な被害を与え、最後は世界で唯一、実戦で核兵器を使用された日本が負っている歴史的責務だと思っています。

まずは、アメリカの打撃力に依存する国防から脱却し、領域警備と災害派遣に重点を置いた真に「専守防衛」の日本を目指す。そして、中長期的には、対米追随ではない自主的な外交を展開して、北東アジア非核兵器地帯条約締結と北東アジアの多国間安保体制の構築を目指し、軍事同盟による「対抗」の安全保障から集団安全保障による「協調」の安全保障への転換を図る。この枠組みの中で、信頼醸成と相互軍縮を進め、紛争の要因となる領土問題を平和的に解決し、自衛隊はいずれ領域警備隊と災害救援隊、そして地域や世界の平和と安定のために非軍事の分野で貢献する部隊に再編する——これが、私の「非軍事中立戦略」に向けた構想です。

7　自衛隊員に対する責任

私の提案では、北東アジアに協調的な多国間安全保障協力の枠組みができ、そこで信頼醸成と相互軍縮が一定程度進むまでは、自衛隊が日本の防衛を担うことになります。

将来的に自衛隊の「非軍事組織」への改編を目指すにしても、現存する自衛隊がその任務をまっとうするために必要な態勢はしっかりと整備すべきです。

たとえば、外国の侵略を撃退するために防衛出動した隊員が戦闘で負傷した場合、その命を救うための態勢は十分と言えるでしょうか。救える命を救うために最大限の措置をとるのが、彼らに命がけの任務を命令する国家の責任です。

しかし、残念ながら、その態勢は極めて不十分なのが現状です。

全隊員が携行する「救急救命キット」は最近まで、包帯と止血帯だけでした。また、負傷した隊員の救急救命を担う衛生隊員には、投薬や注射を行う権限すら与えられていませんでした。ちなみに、米軍の衛生兵には、投薬や注射だけでなく、のどを切開して気道確保するなどの外科的医療行為も認められています。さらに驚くべきことに、自衛隊には、他国の軍隊には通常配備されている防弾性のある装甲救急車が1台もありません。これでどうやって、負傷した隊員の命を救おうというのでしょうか。

2015年に安保関連法が成立し、自衛隊の任務が拡大されたのに伴い、ようやく救急救命キットの拡充や衛生隊員の権限拡大が行われましたが、まだ万全とは言い難い状況です。

また、武器を使用して民間人を誤射してしまった場合、一般の刑法が適用され、場合によっては「殺人罪」で告発されるおそれもあります。国家の命令を受けて命がけで任務に当たった隊員が、一般の刑法犯と同じ扱いを受けるというのもおかしな話です。

民間人を誤射した場合、「戦争犯罪」として国際人道法（戦時国際法）違反に問われるおそれもあります。これを裁く制度がないのも大きな問題です。ジュネーブ条約は、「戦争犯罪」に対する刑罰を定める立法を行うことを締約国に義務付けています。日本は2004年に「国際人道法の重大な違反行為の処罰に関する法律」を制定しましたが、処罰の対象となるのは重要文化財の破壊行為や捕虜の送還の遅延行為などに限られており、民間人に対する攻撃は対象外です。これも改める必要があると考えます。

もちろん、外国の軍隊のように軍刑法と軍法会議をつくるべきだと言っているのではありません。しかし、少なくとも、有事の際の自衛隊員の組織的な行動に一般の刑法が適用されるような現状は変えないといけないと思います。

安保関連法の審議が行われた2015年の通常国会で、当時の岸田文雄外務大臣が驚くべき答弁を行ったことを、私は鮮烈に記憶しています。

岸田氏は、米軍の後方支援などで海外に派遣された自衛隊員が武装勢力などに拘束された場合の法的地位について、「後方支援は武力行使に当たらない範囲で行われる。自衛隊員は紛争当事国の戦闘員ではないので、ジュネーブ条約上の『捕虜』となることはない」と答弁したのです（第189回国会衆議院平和安全法制特別委員会2015年7月1日、「時事通信」より）。

つまり、拘束された自衛隊員には、捕虜の人道的待遇を義務づけたジュネーブ条約は適用されないというわけです。

こんな無責任な形で、自衛隊員を海外の紛争地に派遣していいはずがありません。この答弁には、私が取材した陸上自衛隊の現役隊員も「自衛官はやっぱり使い捨てなんだな」と政府への不信を露《あら》わにしていました。

憲法改正を自らの「歴史的使命」と公言する安倍晋三首相は、「『自衛隊は違憲かもしれないが、何かあれば、命をはって守ってくれ』というのは、あまりにも無責任」と述べて、「憲法に自衛隊を明記し、違憲論争に終止符を打とう」と訴えています。

一見もっともらしく聞こえますが、第1章で伊藤真さんが指摘しているように、憲法9条に自衛隊を明記することで、これまで自衛隊がアメリカの戦争に参戦するのを止めてきた「ストッパー」が完全に外されてしまう可能性があるということを見落としてはなりません。日本の防衛と関係のないアメリカの戦争に参戦し、自衛隊員に「拘束されてもジュネーブ条約に基づく保護は受けられないかもしれないが、アメリカのために命をはってくれ」と言うことのほうがよほど無責任ではないでしょうか。

すべての自衛隊員が入隊の時に署名・捺印する「服務の宣誓」は、「私は、わが国の平和と独立を守る自衛隊の使命を自覚し」で始まり、「事に臨んでは危険を顧《かえり》みず、身をもつて責務の完遂に務め、もつて国民の負託にこたえることを誓います」で終わります。これに示されているように、自衛隊員が命をはって危険な任務に当たるのは、あくまで「わが国の平和と独立を守る」ためであり、それによって「国民の負託」にこたえるためなのです。「アメリカのために命をはれ」と言うのは、契約違反と言ってもいいでしょう。

もし、日本の防衛と関係のないアメリカの戦争に自衛隊を派遣し、そこで自衛隊員が多数戦死するような事態となれば、自衛隊に志願する若者は間違いなく激減します。ただでさえ少子化により新入隊員の確保が年々困難になっているのに、そんなことになれば自衛隊は組織を維持することすら困難になるでしょう。

安倍首相は、自衛隊員がアメリカのために血を流すことが、結果的に日米同盟を強固なものにし、日本の平和と安全を確かなものにするという考えを持っています。しかし、こうした考えに国民的な合意があるとは到底言えません。

安倍首相はこの考えに基づいて2015年に新しい安保法制を整備し、これまで日本政府が「憲法上許されない」と解釈してきた集団的自衛権の行使を自衛隊の任務に加えました。その上、憲法9条に自衛隊の存在を明記すれば、集団的自衛権の行使容認も憲法で追認することとなり、もう後戻りは難しくなります。

今、私たちに国民に問われているのは、自衛隊の存在を憲法に書き込むかどうかではなく、国民の意思として自衛隊にどういう任務を与えるかという、自衛隊のあり方そのものです。

第4章

等身大の安全保障論

伊藤 真・神原 元・布施祐仁

1　9条をさかのぼる

神原元　戦争や軍隊をどう考えるかは、その人の人生のそれまでの体験や背景に大きく影響されるものだと考えます。本書の3人の筆者は偶然にも9歳ずつ年齢が離れていて、自衛隊や安保条約など9条の問題にふれた時代背景が違っています。そのことが第1章から第3章で各筆者が述べてきた立場の微妙な違いとして表れている気もします。そこで、それぞれの体験から、戦後の防衛政策の変遷を考えていきたいと思います。

■両親は戦争体験世代

伊藤真　私は1958年生まれです。いわゆる60年安保のときには2歳でした。まったく記憶はないですが、父は職場から帰ってくるとすぐにデモに出かけて、毎日のようにいない。幼い子どもの子育てにまったく関与しない。それに腹を立てていたということを、だいぶ後になって母から聞きました。私は何も知らずに、テレビを見て「アンポはんたい！」と叫びながら、家の中をぐるぐる駆けまわっていたそうです。

小学校高学年になると、東大闘争といった学生運動の時代です。御茶ノ水に行くと、投石のため地面の石がはがされていたり、血のりが残っていたりしました。そういう光景を見て、夏休みの絵日記に「こわかった」と書いたものが残っています。とはいえ、私は安保闘争も学生運動も直接には知りません。

両親は戦争中に学生時代を過ごしました。父は1930年生まれで、15歳で終戦を迎えました。学徒動員で零戦《ゼロ》をつくったりしていたそうですが、海軍の兵学校に志願して翌年入学というときに終戦です。父から「鬼畜米英打倒」の血判状を見せてもらったことがあります。そういうことが当たり前の軍国少年だったのです。

ところが戦争が終わると、すべてがガラリッと変わった。国が言っていること、教師が言っていることがまるで変わってしまった。だから、自分の目で確かめないことはいっさい信用しないことにした、と父から何度も聞かされました。「国なんか信用しちゃいけないよ」と刷り込まれたのかもしれません。

両親ともに岐阜の出身で、二人とも岐阜で空襲を受けています。母はときどき「空襲で逃げ惑ったときに本当に怖かった。だから私は戦争だけは絶対にいやだ」と話していました。

私はそういうふうに、自分では体験していないけれど、親から戦争のことや、敗戦によってまったく価値観が変わったこと、国は信用できないということを聞いて育った世代です。小さい頃はプラモデルが好きで、戦車や戦闘機をつくったりするふつうの子どもでした。大きな転機となったのは、1971年から2年ほど西ドイツに住んだことです。

■西ドイツでの生活と愛国心

伊藤　分断国家として冷戦真っただ中の西ドイツでは、高速道路のアウトバーンをミサイルを積んだトレーラーや戦車が走っていました。ベルリンにも行って「壁」などを見ると、子ども心にも、東西冷戦は絶対になくならないな、この壁がなくなるわけがない、と感じました。ソ連は敵、東の国はこわい、共産主義はこわい、となんとなく思うようになりました。

その頃の西ドイツは、初めてトルコからの移民を受け入れた時期でもあって、トルコの人たちは、掃除や肉体労働など、いわゆる汚れ仕事や危険な仕事ばかり押しつけられていました。相当厳しい差別があったのです。そういう中で暮らしていて、良い人もいれば、変な人もいる。良いドイツ人もいれば、嫌なドイツ人もいるし、良いトルコ人も嫌なトルコ人もいる。もちろん日本人にも良い人も嫌な人もいる。国籍や民族は関係ないという感覚が育っていきました。

そうして2年間過ごしたドイツから、1973年、中学3年生のときにひとりで日本に帰ってきました。帰国してから、日本のことをたくさん勉強するようになりました。ドイツでは日本人であること、アジア人であることを強く意識せざるをえない生活でしたが、日本のことを何も知らないという反省があったからです。歴史などいろいろなことに興味関心をもって読み漁《あさ》ったりしている中で、武道や武士道に入れ込むようになります。高校では弓道部に入りました。授業が終わると毎日、着物袴に着替えて神棚に拍手をうってから弓を引く。神社に行って弓を引く。そんな高校時代でした。

第1章でも書きましたが、その頃私は、日本の国を自分たちで守るのは当然のことだ、にもかかわらずアメリカに守ってもらっている。そんな情けない国であるのが許せない。自国の軍隊をもって自分たちで守らなければならない、と考えていました。しかし一方で、日本の防衛政策については、ほとんど意識しませんでした。理系志望だったので、憲法や法律のことなどまったく関心がなかったのです。１９７０年代半ばですから、長沼ナイキ訴訟や旧ガイドラインなどがニュースになっていたはずですが、まったく関心はなかった。

とはいえ「愛国心」に目覚めてしまっていたので、日本の国のために何かやりたいと思い、外交官になろうと考え文系に転向しました。当時、外交官といえば、ほとんどが東京大学法学部卒業の人たちばかりでした。外交官になるためには何が必要かというゴールからの発想で、東大法学部に入らなければならない、それには文科一類に入らなければならない。だから大学受験は東大文一だけ受けたのです。

何とか合格して入学しましたが、しかし入学してからです。自分が思い描いていた外交官の姿と、先輩たちから聞く外交官の姿とが、ぜんぜん違っていました。私は陸奥《む つ》宗光《むねみつ》や幣原《しではら》喜《き》重郎《じゅうろう》、吉田茂のような、日本の国益を考えて本気でがんばった外交官に憧れていました。しかし、先輩から聞いた外交官の仕事は、現地の新聞を翻訳して本省に送ったり、外遊に来た国会議員などを接待したりするくらいだと……。それで一気に熱が冷めてしまいました。外交官でなければ、商社マンになろうと思いながら学生生活を謳歌《おうか》していました。

私が司法試験を受験しようと考えたのは、ようやく大学3年の秋のことです。その頃やっと本気で法律の勉強を始めました。大学4年では、当時、東北大学で教鞭をとっておられた樋口陽一先生の週に1回の東大での出張講義で、「国法学」という講義をとりました。「憲法」とはまた別のものです。樋口先生の国法学の内容は、比較憲法でした。青林書院から出ている先生の有名な著書『比較憲法』が教科書で、ドイツ、フランス、イギリス、アメリカなどの憲法を比較検討するもので、「立憲主義」がキーワードでした。この講義がすごくおもしろくて、憲法に入れ込んでいくきっかけになりました。

ちなみに大学2、3年のときには、芦部信喜先生の憲法の講義も聞いていたのですが、まったくピンとこなかったというのが正直なところです(笑)。

神原 そうなんですか?

伊藤 芦部先生は、講義があまり上手ではなかったです。本を読み上げるだけ。たしか板書も、すべての講義を通じてたった一言だったように思います。講義の内容でも立憲主義はおろか、「SWNCC228」くらいしか印象に残っていません(SWNCC228とは、日本の憲法改正についてアメリカ政府の指針を示した文書のこと。マッカーサー草案をつくる際の重要文書)。そして、印象としては講義の半分くらいは憲法の制定過程の話。表現の自由くらいまでたどり着いて終わってしまって、ぜんぜん興味を持てませんでした(笑)。すべて自分の責任なのですが、もったいないことをしました。

それが自分で憲法を勉強するようになって、芦部先生の論文をいくつも読んでいくうちに、やっと憲法が目指しているものが見えてきました。高校時代にもやもやしていたことが9条とつながり、中学時代に西ドイツで過ごして、みんな一人ひとり違うし、国籍や民族は関係ないと感じていたことが、13条の「個人の尊厳」「個人の尊重」というキーワードとぴったりかみ合った。9条や13条と出会ったことで、ますます憲法に入れ込んでいきました。

その後、1981年に司法試験に合格して、83年に弁護士登録します。弁護士になって民事事件や刑事事件に取り組んだりもしたのですが、どんどん「教える」ほう（受験指導）にエネルギーを傾注するようになりました。自分が衝撃を受けた、憲法と法律は違うということ、個人の尊厳、立憲主義を多くの人に伝えたいと強く思うようになっていたからです。

■冷戦終結

伊藤　1989年のベルリンの壁の崩壊は、半分以上「教える」ことをやっていた時期でした。冷戦終結は本当にショックでした。あの冷戦がなくなった。中学のときに見たベルリンの壁がなくなって自由に行き来できる。これは、私にとって大きなショックでした。

現在ブランデンブルク門のところに行くと、壁の跡が残っているにすぎませんが、当時、西ベルリンではネオンサインがきらきら輝いて明るかったのに、チェックポイント・チャーリーという国境検問所をくぐって東ベルリンに踏み入れると、そこは灰色の世界。モノクロテレビみたいに色がついていない。デパートに入ってみても、品物が無造作に並べてあるだけで、どんよりした雰囲気でした。そういうふうに植えつけられていた「東」のイメージが、壁の崩壊でまったく変わるわけです。

永久に変わらないものはない。当たり前のことですが、ベルリンの壁が崩壊した1989年11月以来、状況は変わるし変えられるものだと考えるようになりました。国家同士の敵対関係も、なくなるわけがないと思えても、いつかなくせるし、関係は改善されうる。それを教えられたのが、元沖縄県知事の大田昌秀先生からうかがったイタリアの社会活動家ダニーロ・ドルチ氏の言葉です。「壁の向こうに仲間、友人、理解者をつくれば、壁は壁でなくなる」。自分の心の中に勝手に壁をつくって、変わらないと思い込んではいけないのです。

■湾岸戦争以後

伊藤　冷戦終結によってヨーロッパでは軍縮が進みました。だから日本でも軍縮したり、アジアとの関係が良くなったり、きっとうまく行くだろう。これから世界は平和に向かっていくという感覚を持っていました。ところが１９９１年に湾岸戦争が起こり、日本はＰＫＯに派遣するよう迫られ、自衛隊の掃海艇がペルシャ湾に機雷除去のために出かけていく。冷戦が終わったのにもかかわらず、軍備縮小の方向にぜんぜん向かっていかない。そのことにものすごく違和感がありました。

１９９５年、そういう時期に「伊藤塾」を立ち上げました。もともと「立憲主義」「法の支配」「個人の尊重」といった憲法価値を実現できる法律家を送り出したいと考えていましたが、湾岸戦争以降ふくらんでいった違和感から、伊藤塾では９条や平和、戦争についても正面から堂々と伝えたいと強く思いました。

またその当時、いわゆる元従軍慰安婦の金学順《キム・ハクスン》さんが１９９１年に名乗り出て以来、日本の戦争責任が問い直されたり、95年に沖縄で起こった米兵による少女暴行事件で米軍基地が注目されたりしていました。そこで、毎年、沖縄に行ったり、韓国でハルモニ（元慰安婦のおばあちゃんたち）に話を聞くためにナヌムの家に行ったり、中国では南京大虐殺記念館を訪ねたり、生き残った方々のお話を聞いたりする「スタディー・ツアー」を始めました。法律家や行政官というのは、事実を知らなければならない、現場を知らなければならない、歴史に向き合わなければならないからです。

ＰＫＯ法等の延長線で、１９９９年の周辺事態法や国旗国歌法など、どんどんきな臭くなる90年代後半を経て、２００１年に同時多発テロ事件が起こります。今でも覚えていますが、03年に自衛隊をイラクに派遣するにあたって、小泉首相が憲法前文の「国際社会で名誉ある地位を占めたいと思ふ」を読み上げて、だから自衛隊を海外に出すと言っているのをテレビで見て、憲法をそのように使われることにものすごく怒りがこみ上げました。

私にとっての「専守防衛」は、冷戦下のソ連を対象にした防衛政策でした。だから冷戦が終結した以上は、専守防衛すらいらないだろうと考えていたわけです。それがいつの間にかずるずるとアメリカにひきずり込まれ、「テロとの戦い」という新しい言葉が出てきて、専守防衛とはまったく違う形で自衛隊の役割が拡大し、あれよあれよという間にガイドラインや法律が変わっていったという経緯ですね。

しかし先ほどお話ししたように、世の中に変わらないものはない。敵対していたソ連との関係も変わり、北朝鮮との関係も、南北会談、米朝会談を経て改善の兆しが見えてきています。中国についても同じように、固定的に考えてはいけません。仏独関係を見てもわかるように、国際関係は変わるのです。勝手に悪者と決めつけて固定的な対応をするのは違う、という考えが根本にあります。

■宮田光雄著『きみたちと現代』と非武装中立

神原　今のお話ですごくおもしろかったのが、冷戦崩壊がきっかけになったという点です。私もまた冷戦崩壊を経験しました。

私の父は終戦のときに7つか8つかで、栃木県のいなかのほうにいました。空襲の経験はまったくなくて、父からいつも聞かされたのは、1942年に米軍爆撃機が日本本土を初めて空襲した「ドーリットル空襲」と呼ばれる空襲がありますが、そのときに東京に爆弾を落とした米軍機が中国に向かっていくのが見えたということです。自分が戦争でひどい目に遭ったという感覚はもっていないようです。

父は高度経済成長期に会社員になり、いわゆる企業戦士として働いてきました。60年安保闘争についても「そんな人たちもいたよね。自分は違うけど」というかんじです。だから戦争や平和について、父から何か影響を受けたということはありません。ただ唯一、私が中学生のときに、父は何をまちがえたのか、宮田光雄さんの『きみたちと現代――生きる意味をもとめて』（1980年）という岩波ジュニア新書をくれたのです。

宮田さんの本で初めて「非武装中立」という考え方を知りました。1968年、自由化政策「プラハの春」を進めるチェコに、ソ連が軍事介入します。それに対して、チェコの国民は武器をとって抵抗することはせず、あえて降伏して未来へとつないだことが紹介されていました。こういう考え方は正しいのだろうとは思いましたが、なにせまだ中学生ですから、一方では戦艦大和や零戦のプラモデルをつくって遊んでいたし、頭の中で整理されずにぐちゃぐちゃしたまま育っていきました。

私は伊藤先生より9歳年下の1967年生まれで、私の子ども時代もやはり冷戦真っただ中でした。伊藤先生と同じように、冷戦は永久に続くのだろうという感覚がありました。自衛隊についても、ソ連から日本を守るためのものだと素朴に受け止めていました。
1988年に大学に入学します。当時は社会党委員長だった土井たか子ブームで、国政選挙で最初に投票したのが社会党でした。大学生になると、みんなで政治的なことを議論したりするじゃないですか。

伊藤　まだ議論するような雰囲気が残っていたの?!

神原　議論しましたよ（笑）。自衛隊について意見を求められたときに、私がよく言っていたのは、専守防衛のように、日本の領域内にいる分には他国に迷惑をかけるわけではないし、まあいいんじゃないかということです。
ただ、大学生になってやっと自衛隊や日米安保の問題を考え始めた時期でもあって、その頃見た映画で強烈に覚えているものがあります。オリバー・ストーン監督の『7月4日に生まれて』（1989年公開）です。ベトナム戦争で傷つき下半身不随になってしまった主人公ロンをトム・クルーズが主演しています。ロンは男らしくありたいと思って志願するわけですが、下半身不随になって子どももつくれない身体で帰国します。そのロンが母親に向かって「なぜ止めなかったんだ」と泣きつく場面が出てきます。このシーンが私にとっては強烈で、自分は戦争に行けるのかと考えたときに、それはできない、と思ったのです。

■軍隊は自己増殖するもの

神原　その頃に冷戦が崩壊しています。１９８９年ベルリンの壁崩壊、91年湾岸戦争。自衛隊をペルシャ湾に派遣すべきかどうかが議論になって、テレビ討論に作家の小田実《まこと》さんなどが出てきて激論を交わしているのを見ていました。91年12月ソ連も崩壊、翌92年6月にＰＫＯ法成立、自衛隊を海外に派遣できるようになる。こういう動きを見ていてストンと胸に落ちたのが、軍隊を持っていればどんどん膨張していき、果ては外国に出ていこうとするということです。昔読んだ宮田光雄さんの『きみたちと現代』が頭に浮かびました。軍隊があるということは、戦争で傷つき場合によっては子どもをつくれない身体になってしまうこと。軍隊を持っていれば、国内に留めておくといっても、結局は外国に出ていこうとする。それをようやく理解して、戦争に反対しなければならない、軍隊をなくさなければならない、と考えるようになったのがこの頃です。

私が弁護士になったのは２０００年で、アメリカはブッシュ政権の時代でした。01年同時多発テロ事件、テロ特措法、03年イラク戦争、イラク特措法で自衛隊をイラクに派遣。学生時代に感じていた矛盾が、目の前でどんどん現実化していきました。

伊藤先生がおっしゃるように、冷戦時代というのは、時間が止まっているかのような時代でした。冷戦時代のままなら、自分の自衛隊に対する考えも今のように変わっていなかったかもしれません。しかし、時代の変化とともに、自衛隊が自己増殖して、現在では政府自身がかつてできないと言っていた「集団的自衛権」まで行使できるようにしてしまった。そういう歴史の流れを見る必要があります。

伊藤　そういう歴史を経験してきた私も同じように、軍隊や軍事組織はその都度何かしらの名目をつくって自己増殖したがるものだという感覚があります。

神原　まさにそうです！　私たちの世代からすると、自衛隊というのはソ連や共産主義と戦って日本を守るものだった。だから極論すれば、ソ連がなくなった以上、自衛隊もいらないはずだという感覚でした。それなのに、ソ連がなくなったら今度は別の目的や別の敵を探し始めて、たとえばサダム・フセインが敵になった。フセインを倒すと、北朝鮮を新たな敵にする。そうやってどんどん大きくなっていった。

■すでにある自衛隊

布施祐仁　僕は神原さんから9歳下で、1976年生まれですが、お二人の話を聞いていて、率直に言って、世代の断絶を感じました（笑）。

どこが違っているかというと、まず、冷戦を知らないこと。それから、神原さんが大学に入って土井たか子ブームがあって学生同士議論し合ったとおっしゃいましたが、それもまったくなかった。つまり、社会党という政党があり、自衛隊の合憲・違憲をめぐって国論が二分されていた時代をまったく経験していないので、その感覚がわかりません。冷戦時代にソ連の脅威があって、そのために自衛隊が存在しているという実感もないのです。当たり前の存在としてすでに自衛隊はあって、それが何の目的なのかどうかは関係なくて、とにかくある。疑ったことがない。そういう存在でした。

僕が少し特殊なのは、小学校のときに父の仕事の都合でアメリカに住んでいて、そこで国家というものを身近に意識する機会があったことです。アメリカの学校には、教室に星条旗があり、毎日胸に手を当てて国家に対する誓いの言葉を暗唱していました。僕は日本人なのに、なぜ星条旗に向かって忠誠を誓わなければいけないのかと、子どもながらに違和感を持ちました。また、アジア人に対する差別も体験して、それに対する反発からナショナリズムが芽生えました。帰国した時には、日本人というアイデンティティーを強く意識した、日の丸を見たら胸に手を当てて忠誠を誓うような、ちょっとした「右翼少年」になっていました。

戦争について具体的に考え始めたのは、91年の湾岸戦争で、15歳のときでした。そのときに何を思ったかというと、なぜ日本は戦争に行かないのか、ということです。クウェートを侵略したイラクを、アメリカを中心に世界中の国々が力を合わせてやっつけようとしているのに、なぜ日本は自衛隊を派遣しないのか、と疑問を抱きました。愛国心も触発されて、自衛隊を出すべきだと考えました。ところが憲法9条があるから、日本は自衛隊を出せないのだとわかった。それならば憲法を変えて、自衛隊を派遣できるようにすべきだと思ったのです。

当時の米軍のイメージは「世界の警察官」でした。冷戦時代を知りませんから、そういうものだと思っていました。正義のヒーローですよ。日本は世界第2位の経済大国にもかかわらず、なぜ、金だけ出して人は出さないという情けない対応しかとれないのかと悔しい気持ちになりました。

■1995年、広島と沖縄

布施　その後しばらくは日常生活の中で戦争のことを考える契機がないまま過ごしましたが、大学に入学した1995年の夏に戦争や安全保障について考える機会が訪れます。僕にとっては、この年が大きな転機になっています。

夏休みを利用して中国地方を旅行している途中、広島でたまたま話したお年寄りが原爆で被爆された方だったのです。僕にとって、原爆投下は完全に過去の歴史上の出来事だったので、それを体験した人が目の前にいるという事実を最初はよく理解できませんでした。その人に「せっかく広島に来たのだから、原爆資料館くらい見ておいで」と言われて資料館を見学し、そこでそれまでに経験したことがないような大きなショックを受けました。戦争が一人ひとりの人間に何をもたらすのかを初めて知り、それまで単純に正義と悪の対決で捉えていた戦争観が変わりました。しかも、これはけっして過去の終わった出来事ではなくて、今も世界には人類を何度も絶滅させることができるほどの核兵器が存在していると知り、これは何とかしなくてはと思いました。それで帰ってから、もっと詳しく知りたいと思い、大学の図書館で被爆者の証言集などを読み漁りました。

そして、この直後に起こったのが、沖縄の米兵による少女暴行事件です。たまたま見たテレビのニュースで、事件に抗議する沖縄の県民大会の様子を報道していました。こういう政治的なテーマで8万5000人もの人が集まっていることにも驚きましたし、自分より年下の高校生が壇上で堂々とスピーチしている姿にも驚きました。そのテレビの画面にチラッと映ったプラカードを見て、ハッとしました。そこに書いてあったのが、「一人の少女の尊厳すら守れずして、いったい何を守るのか」という言葉でした。

それまでは、米軍基地というのは日本を守るためのものだと、何の疑いも持たずに当たり前のように思っていました。湾岸戦争以来、米軍のイメージは「世界の警察官」だったので、当然良いものだと思っていたのです。しかし、沖縄に米軍基地があって、現にこのような事件が繰り返されている。ちょっと待てよ、と思いました。僕は安全保障というものを国という単位で考えてきたけれど、沖縄では現実に基地があることで一人の人間の命や人権が脅かされている。それも考えなければいけないのだと気がついたのです。

それで関心を持って沖縄関連の本などをいろいろ読み始めてみると、沖縄戦で、日本軍兵士が住民をガマ（壕）から追い出したり、集団自決を強要したりした事実を知りました。軍隊は当然、国民を守るもの、良いものだと考えていたのが、実際の戦争はそんな単純なものではなかった。それで考え方が少しずつ変わっていきました。

過去の戦争の事実を学べば学ぶほど、日本には「戦争のない世界」を追求する歴史的な責務があると思うようになりました。その思いが、さらに強まったのは２０００年代に入ってからです。

２００１年の９・11同時多発テロをきっかけに、アメリカはアフガニスタンで「対テロ戦争」を始め、２００３年にはイラクでも戦争を始めました。僕は、過去の戦争だけでなく現在の戦争について深く知りたいと思い、アフガニスタンとイラクを訪れました。現地で目の当たりにしたのは、市民をねらった無差別な爆撃、発砲、逮捕、拷問など「世界の警察官」とは程遠いアメリカ軍の蛮行でした。戦争は常に「正義」を語って行われますが、その裏には、一部の人たちの経済的利益などがひそんでいることも実感しました。

しかも、テロは全然なくならないどころか、むしろ拡大している現実。日本は、アメリカに協力して自衛隊を送るのではなく、アメリカとは違うやり方で武力を使わずに世界の平和に貢献したほうがいいのではないかという考えを強めていきました。

■防衛政策をどこまで戻すのか

神原　9歳ずつ違う3人がそれぞれ体験してきた戦後の出来事を年表（214ページ）でふり返っておきましょう。

年表をふり返って何を伝えたいかというと、ひとつは、よく「専守防衛」ならいいと言いますが、いったいどの時代の防衛政策を指しているのか、それを考えてほしいということです。おそらく「専守防衛」にピタッとはまるのは、冷戦時代の55年体制下のことではないかと思われます。60年代くらいまでです。しかしこの60年代であっても、当時、沖縄はアメリカの占領下にあって軍事基地化が進み、ベトナム戦争の出撃基地となっていたわけですから、それでも「専守防衛」と言えるのかどうかという問題はあり、そう単純ではありません。

とはいえ、いま「専守防衛」ならばいいという立場に立つのであれば、拡大していった自衛隊をいったいどこまで戻さなければならないのか考える必要があるのではないでしょうか。周辺事態法まで戻すのか、PKO法まで戻すのか。そういう議論は必要だと思うのです。

もうひとつは、常にアメリカの要求にしたがって拡大してきたという歴史の事実です。「専守防

安全保障関係略年表（神原作成）

1945年	太平洋戦争終結
1946年	日本国憲法制定 （吉田茂首相の説明「第9条第2項に於て一切の軍備と国の交戦権を認めない結果、自衛権の発動としての戦争も、又交戦権も抛棄したものであります」）
1950年	朝鮮戦争勃発　警察予備隊設置（52年に保安隊）
1954年	自衛隊が発足
1955年	社会党が躍進、自民党が発足し、「55年体制」が確立 （55年体制下の自衛隊の特徴は、①海外には出さない〔「専守防衛」〕、②防衛費はGNPの1%以内、③武器輸出三原則・非核三原則、といった制約が課されていた）
1973年	長沼ナイキ訴訟で自衛隊違憲判決（1審）
1989年	ベルリンの壁崩壊　冷戦終結
1991年	湾岸戦争　ソ連崩壊
1992年	PKO法が成立（海外派兵の始まり）
1994年	北朝鮮の核開発問題
1997年	日米新ガイドライン
1999年	周辺事態法 （「専守防衛」の性格が2つの方向から大きく変わっていく。ひとつは国際貢献でPKO法によって自衛隊が海外に出ていく。もうひとつは米軍への後方支援のために海外に出ていく）
2001年	9・11同時多発テロ　テロ対策特措法により海自のインド洋派遣
2003年	イラク戦争　同年末イラク特措法により空自を派遣
2004年	陸自、海自をイラクに派遣
2005年	自民党が新憲法草案を発表
2006年	第一次安倍政権が発足　教育基本法を「改悪」
2009年	民主党政権発足　米軍普天間基地移設問題で迷走
2010年	尖閣諸島沖で海上保安庁の船と中国漁船が衝突する事件
2011年	東日本大震災と原発事故
2012年	第二次安倍政権が発足
2013年	国家安全保障会議（NSC）設置法　特定秘密保護法
2014年	武器輸出三原則見直し　集団的自衛権行使容認の閣議決定
2015年	安保関連法成立（集団的自衛権の一部解禁）
2017年	安倍首相「2020年を新しい憲法が施行される年にしたい」と表明

衛」に徹しようとしたら、アメリカとの関係をどうするか、日米安保条約をどうするかという議論は必須です。

布施　「専守防衛」政策を支えたのは、僕は、ひとつは歴代の自民党政権が「軽武装・経済外交重視」の吉田ドクトリンを継承し、軍備増強よりも経済成長を優先させたこと。もうひとつは、戦争を忌避し平和を希求する国民感情と、それを背景にして革新・護憲政党が常に国会で3ケタの議席を確保していたことだったと思います。

自衛隊はそもそも1950年の朝鮮戦争のときにマッカーサーの指令によってつくられた警察予備隊を前身としていますが、当時、日本に駐留していた米軍がみな朝鮮半島に出動するので、その穴を埋めるために、つまり日本国内の治安維持のために警察予備隊をつくるというのが公式の説明でした。

ところが、当時アメリカが本当はどう考えていたかというと、第3章でも書きましたが、ひとつは、米軍はいつまでも日本を防衛してあげるつもりはない、日本の防衛は日本自身がやりなさいということ。もうひとつは、世界戦争になったときには日本の戦力を活用する、そのために日本に再軍備させるということです。これがアメリカのねらいで、当初から、単に日本を「自衛」させるだけではなく、日本の国外でアメリカの世界戦略に協力させることを構想していました。

これ対して、当時の社会党や共産党は当然反対ですが、自民党の側も、経済成長を優先するという立場で、憲法9条をうまく利用してアメリカの要求すべてには従わなかった。その結果、「専守防衛」政策ができあがっていきます。つまり、日米安保条約に基づいてアメリカに基地は提供するが、自衛隊を日本国外に出してアメリカの戦争に協力することはしないと歯止めをかけたわけです。アメリカ側も、日本の基地を自由に使えることが最優先という判断で、それほど日本に自衛隊の海外派遣を要求しませんでした。

ところがベトナム戦争後、アメリカのアジアにおけるプレゼンスが低下し、その機に乗じてソ連の太平洋艦隊がインド洋にまで出てくるようになった。そこで、アメリカは、西太平洋での米軍優位の状況を維持するために、日本に協力を求めます。これにより、海上自衛隊は80年代初めから、日本の領海を超えて、西太平洋におけるアメリカの海上補給線・兵站《へいたん》線を守るという任務を負わされることになります。この頃から、「専守防衛」から、日本の国外でアメリカに使われる米軍の自衛隊へと、じわじわと押しやられ始めたと思います。

神原　つまり、「シーレーン防衛」以前に戻さなければいけないということですね。

伊藤　もともと9条については、幣原喜重郎さんが、敗戦後の焼け野原を見て二度と戦争はしないとの思いから、1946年1月、マッカーサーにペニシリンのお礼を言いに行ったときに、幣原さんのほうから9条を提案しました。それを受けたマッカーサーのほうにも、9条があれば、ほかの連合国に天皇制の維持を説得できるだろうという思惑があった。それが合致して、9条が誕生したのではないかと言われています。幣原さんや国民の多くの「戦争はまっぴら御免」という思いがあって、9条が生まれたわけです。

アメリカには、日本を武装解除し、二度と軍国主義を復活させないという意図はあったかもしれませんが、日本を平和国家にしようとは考えていなかったと思います。アメリカに盾突くような武器は持たせない、牙を抜いておくということだった。ところが、戦争が終わってみると、日本は何やら言うことを聞いてくれる。そこでアメリカは憲法ができた直後から、日本をどうやって活用するかを考えてきたわけです。アメリカにとっては、当初から9条は鬱陶《うっとう》しい存在だったのではないでしょうか。日本の軍隊がアメリカに盾突いて脅威にならない限りにおいては活用したいと思っていた。だから、厄介でしょうがない9条を、事実上骨抜きにするようなことをじわじわと日本にやらせてきたということでしょう。

1994年の朝鮮半島危機のときも、アメリカは日本に1059項目もの要求を突きつけてきました。それに対して日本は9条があるからできないと断れた。あの当時はまだ9条を盾にして、アメリカに都合よく使われっぱなしではない、と言えたのですよね。

「専守防衛」自体も実は、当初の9条の理念とは違っていて、アメリカの要請との妥協の産物のようなものです。「盾」の役割くらいは日本でやるので、「矛」はアメリカにお願いします。これくらいならば何とかなるだろうと、自衛隊ができたときに9条の新しい解釈をしたのです。だから「専守防衛」という概念自体も偶然生まれた方便のようなものと言えます。9条をもつ国、アメリカの要請、それらの折り合いをつけるための妥協の産物であって、歴史の中で結果的に生まれた一種の知恵でもあったろうと思います。そしてそれは吉田ドクトリンで経済優先という時代にも合致していたということです。

布施　憲法9条があるから「矛」まではやらない、でも「盾」ぐらいならいいだろうという考え方は、きわめて日本らしい気がします。日米同盟を結んでいるからアメリカからもっとやれと言われるけど、一方で日本には憲法9条がある。だからその真ん中をとって、「矛」はアメリカにやってもらい、日本は「盾」に徹する。

でも、この「盾」について、日本人の中にはすごく誤解があると思います。専守防衛の「盾」というと、日本を守るための盾をイメージしますが、実際は、「シーレーン防衛」が始まった80年代からすでに、米軍を守る盾になっているのです。それを正直に言ってもなかなか国民の支持は得られないので、日本は世界中から食料やエネルギーなどを輸入していているから、その海上輸送路を守る必要があると説明しました。しかし、「シーレーン防衛」の本質はそこではなくて、西太平洋に展開するアメリカの第7艦隊の補給・兵站線を守ることが目的でした。つまり、第7艦隊を守る、米軍の盾となる任務を負わされたわけです。

神原　P－3Cを買ったのはいつごろでしたか。

布施　80年代です。

神原　P－3Cをやたらに買わされたことは覚えています。P－3Cはソ連の潜水艦対策ですよね。ソ連の潜水艦がアメリカに対してミサイルを撃つのを監視する。

布施　日本の領域を守るだけなら100機ものP－3Cは要りません。それなのに、世界でアメリカに次いで2番目に多くP－3Cを買ったということは、もうすでに日本の領域の防衛のためではない。西太平洋に展開するアメリカの第7艦隊をソ連の潜水艦の脅威から守るという、アメリカの世界戦略に組み込まれることを意味していました。それが80年代から専守防衛の名の下に進んでいたことです。

神原　いま日本に導入されようとしているイージス・アショアも同じですね。
布施　そうです。イージス・アショアも、日本を守るためというより、グアムとかハワイのアメリカの戦略拠点を優先的に守るためのものだと僕は見ています。

2　安全保障とは何なのか

■膨らみつづける防衛費

神原　２０１９年度予算の概算要求が１０２兆円だと報道されています（「朝日新聞」２０１８年9月1日付）。総額自体がずいぶん高いレベルなのですが、とりわけ注目すべきは5兆２９８６億円の防衛費です。これは過去最大だそうです。なぜこんなに防衛費が膨らんでいるのかというところにまず疑問がわくわけです。というのは、いままで安全保障上の一番問題とされていた北朝鮮については、南北会談、米朝会談が始まり、先行き不透明であるにせよ、一応危機は去ったとも言われている中で、過去最大の防衛費を概算要求しているのです。

この5兆２９８６億円には、たとえば、イージス・アショア2基で２３５２億円、戦闘機Ｆ35が６機で９１６億円を計上されています。

平成30年度一般会計歳出・歳入の構成

（単位：億円）

一般会計歳出

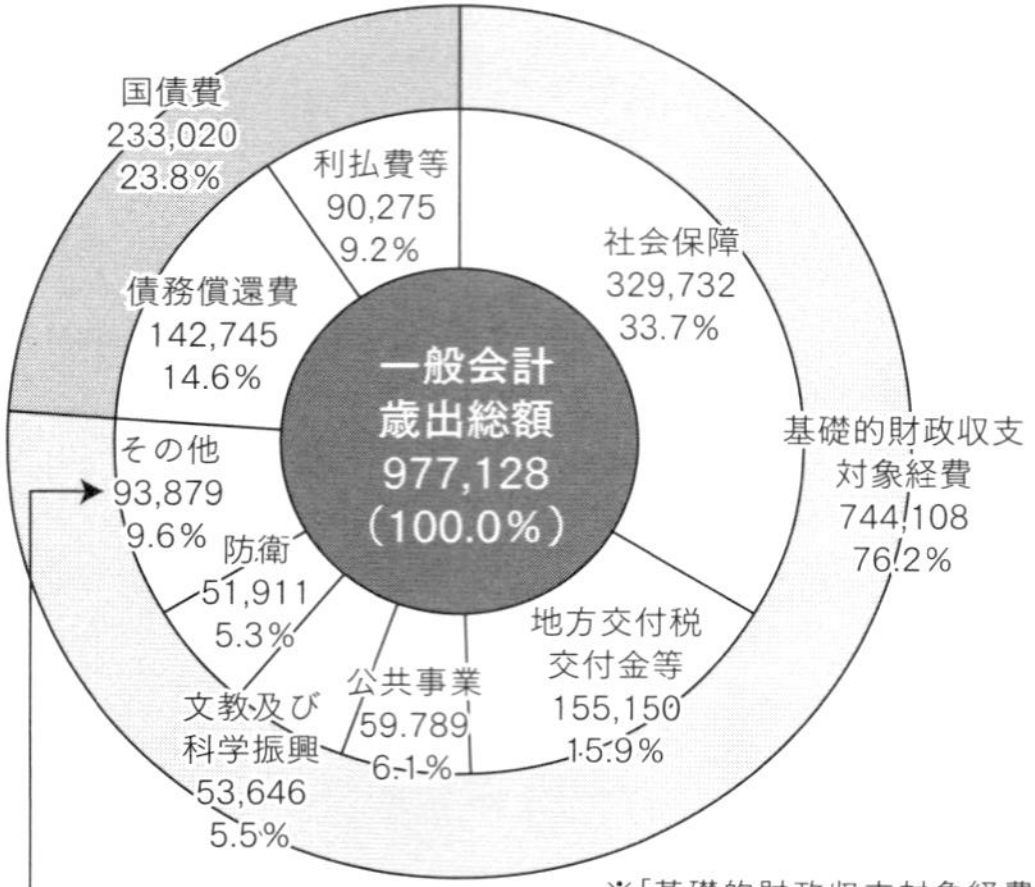

食料安定供給	9,924（1.0）
エネルギー対策	9,186（0.9）
経済協力	5,089（0.5）
恩給	2,504（0.3）
中小企業対策	1,771（0.2）
その他の事項経費	61,904（6.3）
予備費	3,500（0.4）

一般会計歳入

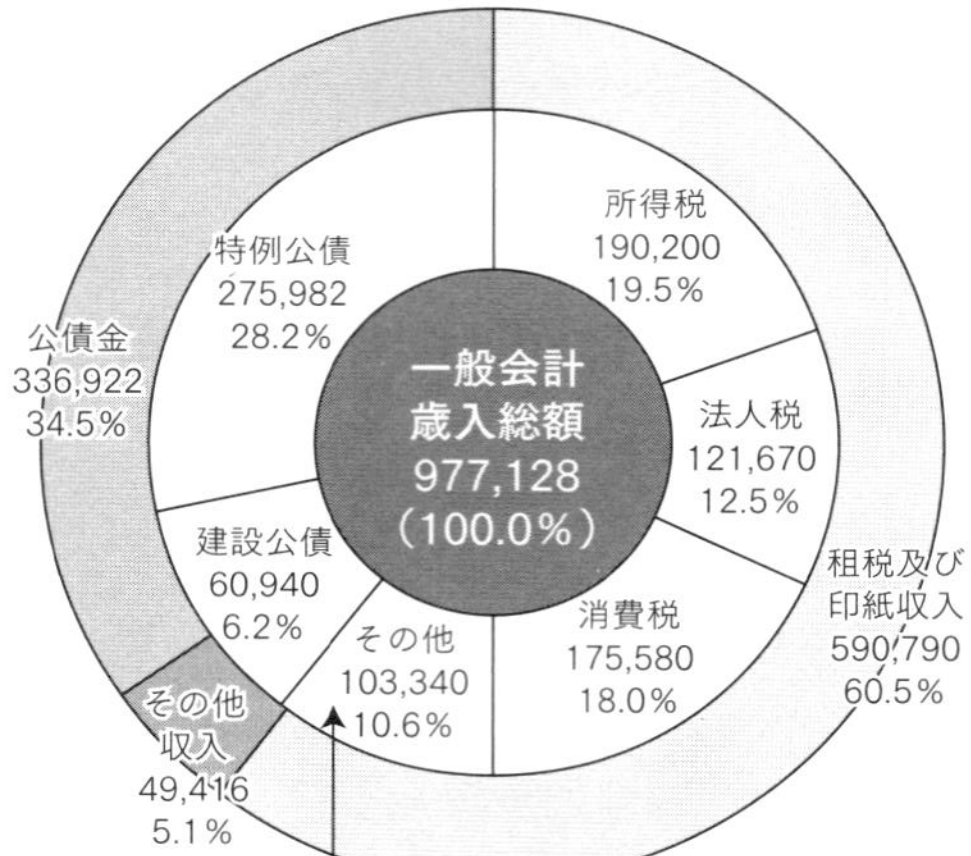

揮発油税	23,300（2.4）
酒税	13,110（1.3）
相続税	22,400（2.3）
たばこ税	8,740（0.9）
関税	10,220（1.0）
石油石炭税	7,090（0.7）
自動車重量税	3,950（0.4）
その他税収	3,990（0.4）
印紙収入	10,540（1.1）

※「基礎的財政収支対象経費」とは、歳出のうち国債費を除いた経費のこと。当年度の政策的経費を表す指標。

※「一般歳出」（=「基礎的財政収支対象経費」から「地方交付税交付金等」を除いたもの）は、588,958（60.3%）

（注1）計数については、それぞれ四捨五入によっているので、端数において合計とは合致しないものがある。

（注2）一般歳出※における社会保障関係費の割合は56.0%

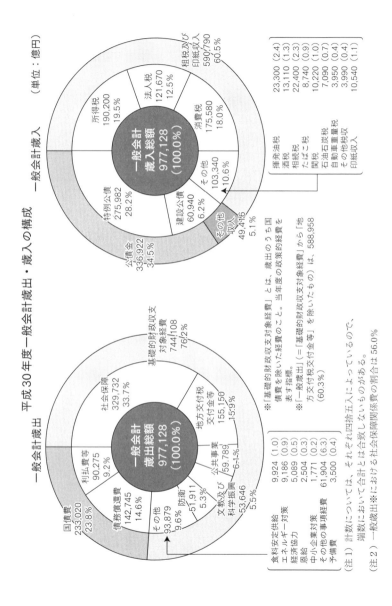

防衛関係予算の推移

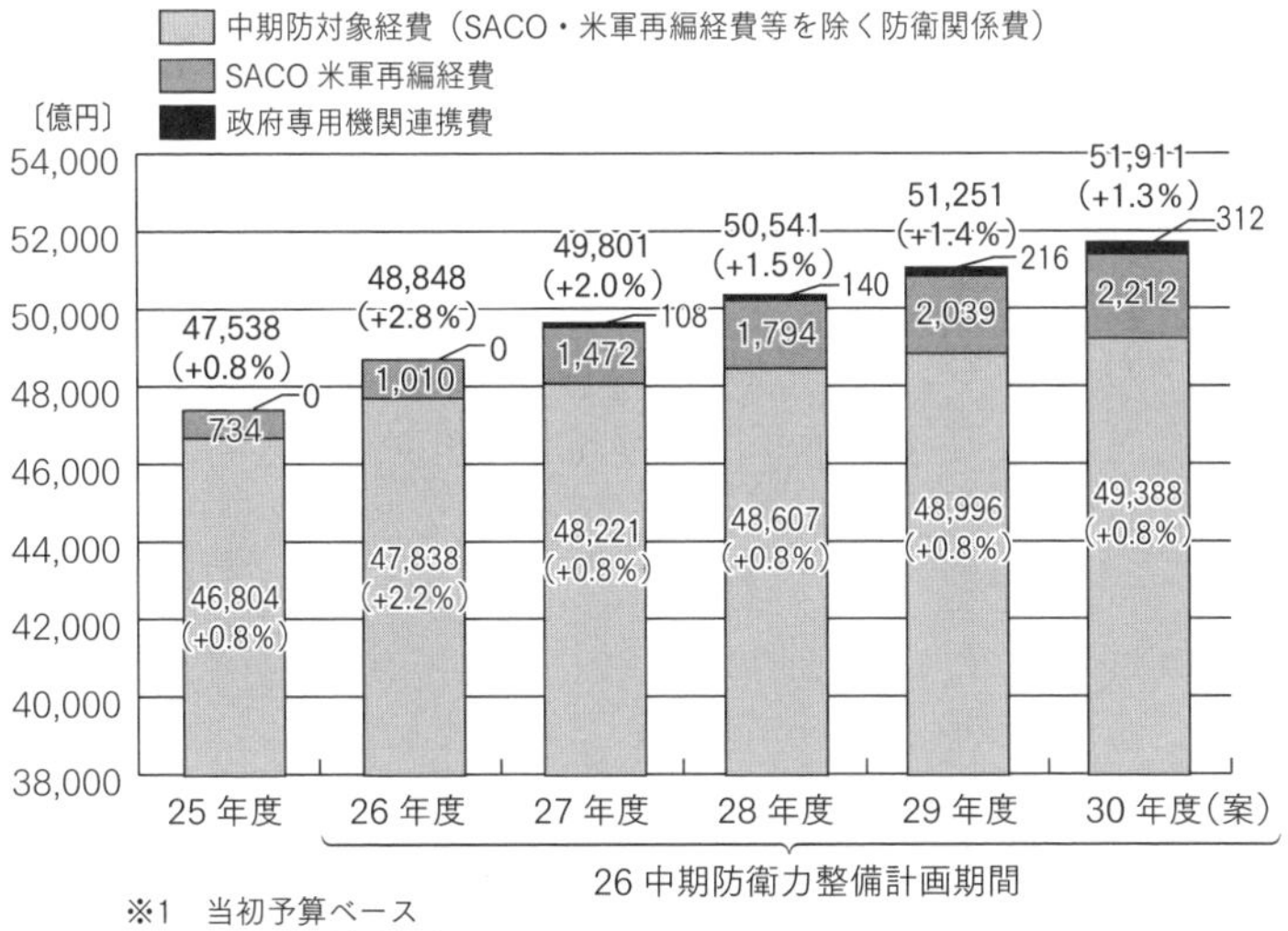

※1　当初予算ベース
※2　括弧内は対前年度比
※3　26 年度は、給与特例減額終了に伴う人件費増を含む。

防衛費が膨らむ傾向はこのところずっと続いていて、毎年毎年増額しています。２０１８年度の数字を少し紹介すると、防衛費全体で５兆１９１１億円。イージス・アショアが７億円、オスプレイ４機で３９３億円、F35が６機で７８５億円などです。

それから対米支援の予算があり、２０１８年度の思いやり予算が１９６８億円、ほかにもいろいろ項目があって、毎年８０００億円かかっています。

さらに問題なのは、現状の防衛費では足りないという意見が自民党内で出てきていることです。自民党政務調査会が２０１８年５月29日に出した提言の中では、ＮＡＴＯが防衛費の対ＧＤＰ比２％を達成することを目標にしていることを参考にしていると記載しています。ＧＤＰ比２％はいくらになるのかと国会で追及され、防衛副大臣が11兆円と答弁しました。

増える防衛費の一方で、生活保護費の引き下げが行われていますが、国際法の専門家である申惠丰《シン・ヘボン》先生によると、これは国際法上の義務に違反する、人権規約に違反すると、国際人権理事会の特別報告者が指摘しているそうです。

記憶に新しいところですが、たとえば2014年の9月には家賃も払えずに県営住宅の立ち退きを迫られた母親が、自分の中学2年生の娘を運動会のはちまきで絞め殺してしまったという事件が報道されました。あるいは生活保護の申請を水際で拒否されて、おにぎりを食べたいと書き残して亡くなった方もおられました。政府は生活保護費を3年間で180億円減らすつもりのようです。

あるいは教育に関して、公的負担割合についての国際比較で、2014年では、日本はOECD諸国の比較可能な34か国中最低というようなデータがあります。ですから、日本は教育費、生活保護などにかけるお金は十分でないのに、防衛費は伸びていっているという疑問があります。

2017年度と2018年度の予算で比較すると、社会保障費は32兆4735億円から32兆9732億円へと4997億円増えていて、プラス1・5%です。自然増の部分も含まれるであろうと思われます。もうひとつ、社会保障費に近いかたちで増えているのが、防衛関係費です。5兆1251億円から5兆1911億円へと660億円増のプラス1・3%。

では、歳入はどうか。2018年度では、国債（公債）が34・5%を占めています。これは国の借金ですから、いわば子どもたちへツケを回しているわけです。

若者や、あるいは貧しい人たちには十分にお金が行き渡らない。歳入が足りないので将来の世代にツケを回している。その一方で防衛予算はどんどん増える。しかも自民党政調会では、まだ足りない、倍の11兆円にせよという意見まで出てくる。

先ほど布施さんが、軍隊があっても1人の命も守れないじゃないかと話していましたが、生活保護では十分な生存が保たれずに自分の娘を殺してしまったり、餓死してしまったりするような国民がいる一方で、その何十倍、何百倍ものお金が防衛費という名の軍事費に消えていく状況は、財政の面からも、軍隊は本当に国民の命を守っているのかと疑問に感じます。

希少資源の分配が政治の本質

伊藤　社会保障と防衛軍備とは、いつの時代もトレードオフで、一方を増やせば一方は減る関係にあると言えます。日本では1957年に2つの大きな訴訟がありました。朝日訴訟と砂川事件です。朝日訴訟では、憲法25条の生存権が問題となりました。結核のため療養所に入っていた朝日茂さんが生活保護費をカットされた。それはあまりにひどいじゃないかと争った事件です。

砂川事件とは、東京の米軍立川飛行場の拡張に反対するデモ隊が基地内に侵入したとして起訴された事件です。1954年に自衛隊が発足し、自民党ができて「55年体制」が確立し、アメリカに追従して軍備を拡張していく流れの中で起こりました。そのときのひとつのスローガンが「大砲よりバター」でした。

お金の使い方として、軍事よりも、生活保護をもらっている人のほうにお金をかけるべきじゃないですか。50年代後半の当時も生活保護が削減される一方で、防衛費が増えていました。

限られた予算をどう分配するのか、これが政治の本質です。いろいろな定義の仕方があるけれども、私は希少資源の分配を決定することが政治の本質だと考えます。税金をどう取り立てて、限られた予算をどこにどう分配するか、それを決めるのが政治の本質であり、その枠組みを決めているのが憲法です。日本国憲法には9条があり、25条があるわけだから、憲法の理念からすればお金の分配の仕方は明白です。にもかかわらず、9条と25条の要請とはまったく逆のお金の使い方をする。いつの時代もその矛盾が弱い人たちのところに行く。

だから、膨らみつづける防衛費については、本当に役に立つのか、本当に必要なものなのか、もっと効果的な使い方や方法があるのではないか、しっかり吟味する必要があります。イージス・アショアもミサイル防衛も、F35もそうです。アメリカの言い値で、高い値段でわざわざ買うことなどありません。

他方で、生活保護でも、教育の現場でも、日本は母子世帯に厳しくて冷たい国です。私学助成などもそうです。私立学校へ行く子どもたちは、お金を持っている家庭の子どもばかりではありません。公立高校に進学できない子たちが、私学に行かざるをえない。貧しくて学費を払えない家庭の高校生が、ブラック・バイトなどで苦しい思いをしている。

そういう人たちにしわ寄せが行き、それを放置したまま、防衛費11兆円までねらおうというのは、まったくバランスを失しています。

納税者の自覚

伊藤　お金の問題を考えるときに、どうしてここまでおかしいのか、こんなふうになってしまうのか、その原因のひとつは源泉徴収制度だと思っています。自分が払った税金がどこに使われているのかという意識を、ほとんどの給与所得者、サラリーマンのみなさんたちは持てていない。納税者意識がとても希薄です。

この源泉徴収制度は、戦費調達目的で、1940年にナチスの手法を真似して導入したものです。給料から天引きすればいいのだから、簡単に戦費調達できるわけです。それをナチスが最初に始めて、当時の同盟国である日本も真似した。

戦争が終わった以上やめればよいものを、大蔵省としてはこんなに税金を取り立てやすい方法はない。みんな黙って払ってくれるので、戦後もずっと今に至るまでつづいています。これが納税者意識を希薄にさせる一番の原因で、イコール主権者意識の希薄化につながっていると私は考えています。

先ほど税金の取り立て方と使い方を決めるのが政治の本質で、そこに枠をはめているのが憲法だと言いました。それは1215年のマグナ＝カルタの時代から同じです。そもそもマグナ＝カルタは、国王が勝手に税金を取り立てたり、それを使って戦争を始めたりしたので、王権に歯止めをかけるために生まれました。最初から、税金の取り立て方、使い方に縛りをかけるのが憲法の役割なのです。

それが日本では、源泉徴収制度によって、納税者意識が希薄になっている。この制度をやめて確定申告などにすれば、「え、こんなに払っているの」「もう少し子どもの教育に使ってよ」という自覚が生まれてくると思います。私は弁護士として確定申告していて、自分の払った税金がミサイルや辺野古の米軍新基地を作るのに使われたりしていることに、本当に腹が立ちます。その腹が立つ感覚を持ってほしいと思っています。

神原　なるほど。

伊藤　もちろん主権者と納税者は一致しません。外国人も税金は収めますし、納税できない日本人もいます。ですが、一般論として、国民が自分の稼いだお金を国に預けているわけだから、主権者の意思に基づいて使ってね、というのが国民意識だったはずです。財政民主主義は憲法の根本ですが、ないがしろにされています。アメリカでまだまだ声を上げる人たちが多いのは、源泉徴収ではなくて、確定申告する人たちがたくさんいるからというのもひとつの理由だと思います。

■貧困と排外主義

神原　私はこの何年か、いわゆるヘイトスピーチの問題に取り組んでいます。その問題と貧困問題とは関係があるのかどうか議論があります。貧困が拡大して苦しいからヘイトスピーチをするというような単純な話ではないのですが、関係なくはないと思うこともあるのです。

先ほどの年代論の話でひとつ大事なことが抜けていました。それは91年からのいわゆるバブル崩壊です。「失われた10年」とか「20年」という時代が訪れます。その点も違いとして表れていると思います。

布施　それはそうですね。大きいですね。

神原　私たちは大学を出ていれば、就職に困るということはそれほどない時代でしたが、90年代後半以降非常に苦しい時代がつづきます。他方で、韓国や中国がぐっと経済成長して、日本が追い抜かれてしまったことがフラストレーションになっている。それがヘイトスピーチの問題と無関係ではないと思うのです。日本の経済的地位が相対的に下がってしまっていることと、ヘイトスピーチや排外主義が強まっていることとの関係を実証するのはもちろん簡単ではないのですが。

「年越し派遣村」ができて貧困問題が注目されたのが２００８年末のことです。ヘイトスピーチの常習団体である在特会の成立が２００６年、07年くらいから活発に活動しだしたと言われています。京都の朝鮮学校襲撃事件が起こったのは09年。私がこの問題に本格的に取り組み始めたのが２０１３年の春です。

私が弁護士になったばかりの２０００年頃は、貧困問題はあまり意識されていなかったように感じます。貧困問題はあったけれども、少なくとも弁護士業界では位置づけがそれほど高くなかった。それが00年代後半から強く意識されだしたと思うのです。その時期に日本がすごく排外主義的になっている。

なぜこの話をここでするかというと、昔から生活保護バッシングはあったでしょうが、やはり近年すごく目立つようになっています。経済が全体的に苦しくなり、少ないパイを国民が奪い合っているように見えます。そういう狭量さと軍事的な勇ましさが同居している。政治家もそこで人気取りしています。

伊藤　生活保護は、１９５０年から始まって、調査を開始した51年の受給者数２０４万人からどんどん減少していき、95年に88万人で底を打ちます。

神原 95年ですか。

伊藤 95年です。そこからまた増え始めました。その時期に新自由主義的な政策が推し進められて、その頃から生活保護受給者は上昇しつづけ、いまや210万人。V字型に推移しています。またこの時期に自殺者が3万人になり、以降14年連続3万人超えとなりました。中年男性の経済苦による自殺がすごく増えました。

90年代後半から、強いものがいい、競争は重要だという新自由主義が政策的にもイデオロギー的にも浸透する中で、生活保護受給者数はぐっと上がり、自殺者が増え、貧困、格差が拡大した。先ほど年表で、朝鮮半島の危機があり、新ガイドラインや周辺事態法など、軍備の議論をしているあいだにこのような事態が進行していたのです。

殺伐とした競争社会では不満や鬱憤《うっぷん》もたまっていきます。そうすると人間は弱いですから、自分より弱い立場の人のほうに攻撃を向けてしまう。子どもの頃にはいじめられて、学校でもうまくいかない。就職すればブラックな会社できつい。どこにも居場所がない。そんな中で唯一承認欲求が満たされるのが「日本人」であること。愛国心が拠《よ》り所になる人も中にはいると思います。もちろんそんな単純な話ではないと思いますが、排外主義やヘイトは、貧困や格差とけっして無関係ではないだろうと思います。

■象徴化した安全保障

布施　僕も、バブル崩壊後の超就職氷河期に社会人になったロスジェネ世代なので、その感覚は実感としてわかります。自分のアイデンティティーの不安定さを、ナショナリズムで埋めようとするのです。心情としては理解できますが、自分のアイデンティティーや承認欲求の問題と安全保障の問題を同一化するのは非常に危険です。安全保障は相手のあることなので、自分がこうあってほしいという願望からではなく、徹底してリアリズムで考えなければなりません。

伊藤さんや神原さんがお書きになられているように、実際に日本が侵略された場合、あえて戦わずに白旗をあげて降伏するというのは、政策の選択として十分あり得ると僕は思います。実際、アジア太平洋戦争で、日本は「本土決戦」を実行せずに降伏しました。あれを、1億総玉砕で最後まで戦うべきだったと、今言う人はほとんどいないでしょう。むしろ、もっと早く降伏していれば、広島・長崎への原爆投下はなかったわけです。

ある局面では、国民の人命優先でいったん降伏し、国際社会を味方につけるなど別の形で抵抗するという判断も、当然、オプションの一つとしてあり得るわけです。ところが、自分のアイデンティティーの不安定さをナショナリズムで埋めようとする人たちは、とにかく「強い日本」でなければならないので、「白旗をあげる」と言った瞬間に拒絶反応を示します。こうなると、安全保障をリアリズムで冷静に議論できなくなってしまいます。

さすがに安倍首相自身がそうだとは思いませんが、安倍政権の安全保障政策を支持している人たちの中には、こういう人が少なくないように思います。逆に、こういう人たちの支持を得るために、政治家が強い「タカ派」のポジションをとるようになると危険です。安全保障は本来、現実にどういう脅威があり、限られた資源を使ってそれにどう対処するのがベストなのかをリアリズムに基づいて考えるべきものなのに、それができなくなってしまうからです。

日本の場合、さらにやっかいなのは、「強い日本」だけでなく、「世界最強のアメリカに認めてもらっている日本」に溜飲を下げている人たちが結構見受けられる点です。イージス・アショアやオスプレイやF35など、世界の多くの国が買うことができないアメリカの最新兵器を日本は売ってもらえる。それで自己の承認欲求が満たされるという……。

伊藤 そのような大艦巨砲主義は、戦前と変わりませんね。世界で初めて空母を実戦配備したのは日本だと、その誇りに最後まで酔い続けた戦前とね。

布施 完全に「自己満足」の世界ですよね。

伊藤 戦艦大和を造ればいいというみたいに。

布施 安全保障でリアリズムを失うと悪循環に陥ってしまいます。アメリカから最新鋭の兵器をたくさん買って軍備をどんどん増強していっても、その分教育費や社会保障費が削られていけば、国内の格差や貧困が拡大し、それがむしろ日本の安全を損なうリスクもあるわけです。

僕は、戦後の日本の安全を確保したのは、日米安保体制というより、日本のソフトパワーの力だったと思っています。このことは、アフガニスタンやイラクに行って強く感じました。

日本は中東で、欧米が行ってきたように、軍事力を背景に他国に干渉し、その国の資源や権益を確保するようなことはしてきませんでした。まず、それが信頼につながっています。

同時に、アメリカとの戦争に敗れ、原爆まで落とされて国土が灰儘と化したにもかかわらず、「平和国家」に生まれ変わって奇跡の経済成長を成し遂げた。車でも電化製品でも日本の物は品質がいい。自分たちも、日本のように平和で豊かな国になりたい。そういうイメージで現地の人たちは日本を見ていました。こうした日本への信頼と好意的な感情があるからこそ、治安が不安定な中でも、僕自身の安全も守られていると実感しました。

日本は、自衛隊を海外に出さず、経済外交によって世界から信頼を得てきました。僕は、「軽武装、経済外交重視」という吉田ドクトリンは、国家戦略として非常に合理的だったと思います。これがもしアメリカに要求されるままに自衛隊を海外に出して、民生を犠牲にして軍備増強するような戦後だったら、こうはなっていなかったでしょう。戦後日本の経験から見ても、現在の日本政府の安全保障政策はひどくバランスを失ってしまっています。

神原　だから若い世代の教育などにもっとお金をかけて、若い人たちが将来の見通しを持てる社会にしたいと思うし、また、若い人たちには世の中は変えられるという希望を持ってほしいのです。

■安全保障イコール軍事ではない

布施　安全保障に関する考え方を変えないといけないと思います。防衛費をGDP比2%にするという問題は自民党の提言で出てくるものですが、結局は中国への対抗なのです。中国がこんなに軍事費を増やしているのに、日本が増やさないわけにはいかないと、張り合おうとしている。しかし僕が脅威に思うのは、中国の軍事費よりも、たとえばいま日本の若い研究者が日本の大学では食べていけないから、中国の大学などにどんどん流出していること。それから、伊藤さんが第1章で書いておられますが、中国は実は化石燃料からシフトして、自然エネルギーの研究開発にどんどん投資しています。これも重要な安全保障です。

かつては安全保障イコール軍事だったけれども、これからの安全保障にとっては、教育やエネルギーなどのソフトパワーの重要度が増していることにもはや異論はないと思います。とくに資源もなく、多くを海外に依存している日本のような国は、ソフトパワーに投資するほうが本当の意味での安全保障の強化になります。

伊藤　エネルギー安全保障、食料安全保障という言葉はあるけれども、それを日本は政策としてぜんぜん具体化していませんね。軍事一辺倒で、まったく周回遅れの対応です。

今年2年ぶりに上海に行きましたが、以前とまったく違っていて、行くたびに本当に驚きます。電子決済で現金など使わないし、インターネットから何から最先端です。いろいろな人に話を聞いても、日本と張り合おうという感覚はほとんど感じられませんでした。

中国は開発独裁という面もあるかもしれませんが、目の付け所が日本とはぜんぜん違います。本当の意味での国益なり将来なりを考え、どうやってお金の分配をするのか、戦略的にものを考えるところが、日本には欠けてしまっている気がしますね。

布施　やたらと中国と対抗しようとする人たちは、中国とは価値観が相容れないとよく言います。日米は民主主義国家で人権を重んじているのに対して、中国は共産党一党独裁で民主主義ではなく、人権も保障されていない。そういう国の影響力を強めさせてはいけないので、民主主義という価値観を共有する国家で連携して封じ込めなければならないのだ、と。まさに冷戦時代と変わらぬ思考なわけですが、仮にそれが正しいとするならば、なおさら日本はソフトパワーで中国にどんどん負けていくような状況をつくるべきではありません。いま中国はソフトパワーでも国際的な影響力を増しています。日本は戦後の積み重ねがあるわけですから、そこで勝負しないでいるのはむしろ戦略的にも間違っていると思います。

伊藤　教育の点では、日本の若者や将来の研究者に対する政策も重要ですが、同じように、日本に来ている外国人留学生に対する支援も、安全保障として重要だと考えています。せっかく日本が好きで日本に留学してきたのに、ブラックなアルバイト先しかない、研修生という名目で酷使される、それで日本が嫌いになって帰っていく。これは国益を害することです。

外国の人にいかに日本を理解してもらい、好きになってもらい、そして信頼関係を築き上げるかは、私は安全保障の要だと思っています。この点、アメリカはすごかった。戦争中日本に原爆を落としたり空襲したりしたアメリカは相当恨まれて当然です。しかし戦後、経済的な支援はもちろん、フルブライトをはじめとして、たくさんの日本人をアメリカの国費で留学させました。アメリカのお金でアメリカを学び信頼関係を築いた留学生たちが戻ってきて、現在の日本の中枢にいるわけです。それが日本の場合、旅行者は増やそうとしているかもしれないけれど、日本に来ている留学生、日本で生活する外国人には冷たいですね。

神原　旅行者にお金を落としてもらうという発想だけに見えますよね。

伊藤　そうですね。留学生や日本で生活している外国人、その子どもたちの支援。日本語を話せない外国の子どもたちを教育する仕組みも十分でない。

布施　日本政府自身が、主要国間の大規模戦争が起こる可能性はほとんどないと現在の国際情勢を評価しているわけです。現在、世界で何が安全保障上の最大の脅威になっているかというと、テロや内戦です。その一番起こる可能性の高い脅威をいかに減らすかということが、本来は最優先にならなければなりません。日本を信頼し、期待していた人たちが、「なんだ日本なんて。だまされた」と日本を憎むことにならないようにすることが本当の意味で安全保障です。

中国と張り合い、アメリカの対中戦略の片棒を担いで軍備増強に励むことより、やるべきことがたくさんあります。優先すべき方向がまったく間違っていると思います。

伊藤　移民・難民の受け入れという問題もそうです。神原さんが取り組んでいるヘイトスピーチ問題も含めて、日本にいる外国人やその子どもたちに親日になってもらう。親日が無理なら、せめて理解してもらう。好きになってもらう。少なくとも嫌いにならないでいてもらう。それが一番の安全保障だと思いますが、お金の使い方も含めて、何か大きく間違っています。

3　9条改憲で何が変わるのか

■まちがいなく変わる自衛隊

神原　最後に、9条1項・2項を残した上で自衛隊の存在を明記するという改憲案について検討します。安倍首相は「自衛隊を単に書き込むだけで、何も変わりません」と言いますが、本当にそうでしょうか。その点について、伊藤先生が第1章でも書いていらっしゃいますが。

伊藤　2017年5月3日に安倍首相は「2020年に新しい憲法でいきます。自衛隊が違憲かもしれないという議論が生まれる余地をなくしたいと考えます」として、違憲論を封じるだけで、これまでと変わらないんだと説明しています。

結論から言うと、自衛隊が変わらないというのは間違いです。この改憲が実現すれば自衛隊は大きく変わってしまいます。

ひとつは、9条の2という新しい条項を追加すると、たとえ9条がそのまま残されたとしても、「後法が前法を破る」「新法が優先する」というローマ法以来の法原則にしたがって、9条の2という条項が優先して解釈されることになります。この結果、自衛隊が合憲となるだけでなく、これまで9条2項の解釈によってさまざまな制約が課されていた自衛隊の活動が、基本的には制約を受けないという解釈が可能になってきます。つまり、9条2項が死文化、空文化してしまいます。

2つめは、自衛隊という組織が憲法上の組織に格上げされることになります。現行憲法に規定されている組織は、国会・内閣・裁判所・会計検査院だけです。自衛隊は憲法上の組織ではないところに立憲的意味がありました。それが憲法改正国民投票という手続きによって、直接、主権者・国民の意思で憲法上の組織に位置づけられる。そのことが持つ影響は相当大きいものがあるはずです。これまでの控えめで抑制的だった自衛隊が、軍備の増強、軍事費の拡大、自衛官募集などさまざまな場面で積極的に前面に出てきやすくなるでしょう。

3つめとしては、国防や安全保障が憲法上の要請として書き込まれることによって、国防や安全保障という名目の人権制約の憲法上の根拠が新しく生まれることになります。

現行憲法には「公共の福祉」という言葉があり、他者の人権と衝突したときに制限を受ける根拠になっています。このほか、選挙の公正や、公正な裁判の実現という憲法上の要請から、一定の人権が制限されることがあり、国防や安全保障という概念は憲法上にはそもそも存在していません。それらは一行政権の一内容に位置づけられるにすぎません。改憲によって憲法上の要請として明記されるならば、国防や安全保障という概念は、人権を制約する新たな根拠として位置づけられることになるでしょう。思想・良心の自由、表現の自由、信教の自由、財産権などありとあらゆる人権を、国防・安全保障の名目で制約することが解釈上可能になります。たとえば、18条の苦役からの自由によって、いまは憲法違反と解釈されている徴兵制も、国防や安全保障のために我慢してくださいという解釈が可能になります。実現するかどうかは別にしても、徴兵制は合憲になる。

以上のように、法的には大きく3つの違いが出てくるでしょう。

そうなると、日本社会の空気、雰囲気が大きく変わってしまうと思います。これまで自衛隊は違憲だと言う人がいることが、歯止めとなってきました。軍事的なものに真正面から憲法的な承認を与えないところに立憲的意味があったのです。

まったく違憲でなくなると、歯止めがなくなり、自衛隊は当たり前の存在になるどころかむしろこれだけ税金をかけているのだから積極的に活用すべきだとなるし、外国からも「日本は自衛隊を憲法上持っていますよね。それをもっと活用してくださいよ」と要求されるでしょう。その要求に対して、自衛隊を抑制しようという力が働かなくなるおそれがあります。

それはソフトパワーを活用するための源泉がなくなることを意味します。つまり、あえて軍事的なものを憲法上承認しなかったために、外交などありとあらゆる場面で、軍事力によらず、ソフトパワーの活用を迫られていたのに、そのタガが外れることになるからです。

布施　「軽武装、経済外交重視」の国家戦略をとった吉田茂首相は、防衛大の第1期生が卒業する時に、自宅を訪れた卒業生らに「自衛隊が国民からちやほやされる事態とは、外国から攻撃されて国家存亡の時とか、災害派遣の時とか、国民が困窮し国家が混乱に直面している時だけなのだ。言葉を換えれば、君たちが日陰者である時のほうが、国民や日本は幸せなのだ」と諭《さと》したと言われています。この精神は、今も自衛隊に深く刻まれていると思います。日頃は非常に謙虚に、しかし、いざという時は国家と国民を守るために意気高く出ていく。そういう自衛隊の姿に誇りをもっている隊員の方々を、僕は何人も知っています。

安倍首相は、「すべての自衛隊員が強い誇りをもって任務をまっとうできる環境を整えることは、今を生きる政治家の責任」と言って憲法を変えようとしていますが、憲法に自衛隊の存在が書かれていなくても、たとえば僕が取材した東日本大震災の災害派遣の任務に参加した隊員の方々は強い誇りをもって任務をまっとうされていました。隊員の方々が誇りを持てるかどうかは、憲法に書いてあるかどうかが問題なのではなく、その任務が本当に意味のあるものなのか、国民が望み国民のためになるものなのかということが問題なのです。

僕は、今の安倍首相がやろうとしていることは、「憲法に書いて自衛隊の地位を上げてあげるから、アメリカのために命をかけてくれ」と隊員に言っているように見えます。でも、これは非常に浅はかな考えだし、自衛隊員やその家族の多くは、自衛隊が前へ前へ出ていくことをけっして望んでいないと思います。

神原　何も変わらないと言うけれど、実際には変わってしまうことがよくわかる例として、伊藤先生が第1章で国旗国歌法の話を出されていました。私は神奈川県の国旗国歌の起立斉唱強制問題の裁判に取り組んでいた時期があり、当時いろいろ調べました。神奈川県はもともと卒業式の国旗国歌の起立斉唱の実施率が低く、県立高校でも国旗を掲げていないところが多かったのです。私が卒業した高校もそうでしたが、対面式といって、卒業生と在校生とが向かい合ってエールを交わす形態でしたから、国旗を置く場所がなかった。また、教員の中にも日の丸・君が代に反対の意見があり、職員会議も強かったので、そこでやらないと決定すればそれですんでいた。だから県内の実施率は2～3％にすぎませんでした。

ところが、1999年に国旗国歌法が成立すると、2001年で約99％の実施率に変わる。法律で決まっただけで現場は激変しました。03年には東京都で「起立斉唱をしなさい」と通達が出され、従わなかった教員は04年に100人、200人単位で処分されるという事態にまで至りました。

法律で決めただけでそこまで現場が激変するわけだから、憲法を変えたらいったいどれだけのインパクトがあるのだろうかと考えます。9条を変えても何も変わらないというのは、まったく眉唾《まゆつば》だということが実感としてわかりますね。

■「必要な自衛の措置」は無限大

神原　これは弁護士的な発想かもしれませんが、自民党案の9条の2は、「前条の規定は、我が国の平和と独立を守り、国及び国民の安全を保つために必要な自衛の措置をとることを妨げず、そのための実力組織として、法律の定めるところにより」自衛隊を保持するとなっていますが、これは自衛隊の保持もさることながら、「国及び国民の安全を保つために必要な自衛の措置をとることを妨げず」という部分が実は危険だと思いますね。つまり、自衛の措置にはいろいろあって、その中の一つとして自衛隊を保持するというようにも読めなくもない。
そうすると、先ほど伊藤先生がおっしゃった、いろいろな人権の制約の根拠になる。「国及び国民の安全を保つために必要な自衛の措置」という漠然としたカテゴリーとして、たとえば秘密を保持すること、あるいは土地を収用すること、これも自衛のためだからかまわないでしょう、となりかねない。ふつうの人の感覚では、個々人の人権よりも、その集合体であるところの国を守ることのほうが何となく大事だという発想になりがちです。それがこの条文だとはっきり現れてくると思います。

伊藤　自衛隊を明記するだけと言いながら、必要な自衛の措置を何でも許すという条項を、実は置いてしまっています。国民の安全を守るために必要な自衛の措置だという名目で、ありとあらゆることが制限可能になってしまう。自衛隊はそのための組織の一つであって、しかも「妨げず」という規定からすると、自衛隊だけが「必要な自衛の措置」をとるのではありません。ありとあらゆる人権が「必要な自衛の措置」を盾に制限される、いろいろなものがつくられていく可能性がある、そういうことの根拠規定になるわけです。

神原　とすると、「公共の福祉」が人権同士の矛盾、対立の調整原理として人権制約の根拠であるといういままでの考え方のままで済むとは思えませんね。法律家としてはこの規定がすごくひっかかります。

徴兵制の可能性

布施　先ほど伊藤さんの話の中で、自衛隊が憲法に明記されれば、これまで憲法18条によって違憲とされてきた徴兵制も許容される解釈に変わる可能性があるということが出てきました。これは憲法解釈上の問題というだけではなく、自衛隊の実態から見ても十分あり得る話です。というのは、いま急速な少子化の進行によって、自衛官の確保が年々困難になっているからです。集まらないので、26歳までだった募集対象年齢を今年10月からは32歳までに引き上げ、定年も延長します。ただでさえ高齢な自衛隊がさらに高齢化してしまいます。

神原　日本の戦争末期みたいになりそうですね。

布施　これはかなり深刻で、組織の存亡がかかっていると自衛隊の募集現場は危機感を感じています。今でさえこうなのだから、今後さらに自衛隊の任務が拡大されて、海外の戦地で自衛隊員が戦闘に巻き込まれて戦死するような事態になれば、志願する人は激減するでしょう。志願制で必要な数の隊員を確保できなくなったら、組織の規模を縮小するか、最終的には何らかの形で徴兵制を導入するしかなくなります。

しかし徴兵制は国民には不人気な政策でしょうから、その前に、イラク戦争後のアメリカでやられたような、いわゆる「経済的徴兵制」を強化するだろうと考えます。これは、格差や貧困などのセーフティーネットの欠如を逆手にとって、たとえば軍隊に入れば大学に行ける、軍隊に入れば家族が病院にかかれるというように、軍隊に入ることと引き換えに国がセーフティーネットを提供して兵士を確保するのです。

実は2019年度の防衛予算の概算要求に、今回初めてのことですが、退職後に大学進学を希望する自衛官に対して、予備校等の通信教育の受講料を支援する費用が計上されています。また、退職後に警察や消防に入ることを希望する隊員が、公務員受験対策講座を受けられるようにする経費も盛り込まれています。最初から自衛隊を希望する人だけでは必要な数を確保できないので、警察や消防を希望する人に、ひとまず自衛隊に入って数年間勤めれば警察や消防に入りやすくなるという仕組みをつくろうとしています。

経済的徴兵制を強化してもなお集まらないという状況になれば、最後はやはり徴兵制を導入せざるをえなくなります。徴兵制というと、戦前のように有無を言わさず赤紙1枚で徴兵されて戦場に送られてしまうイメージですが、今後導入されるとすれば、よりソフトに、たとえば半年間だけボランティアのように入隊するとか、そういうかたちで導入されるだろうと思います。この中から仕事として自衛隊を選ぶ人も出てくるでしょうし、自衛隊としても、この中から自衛隊に向いている人、入りやすそうな人を絞って勧誘できるので、意味があります。

■自衛隊員のPTSDを内包する社会

神原　ベトナム戦争などの帰還兵がPTSDによって社会に適応できなくなってしまうという事例がよく聞かれますが、日本の自衛隊員も海外の「戦地」に派遣される任務が増える中で、たとえばイラクやインド洋に派遣されたことのある自衛隊員56人が在職中に自殺していることを政府は認めているし、戦闘行為が行われていた南スーダンに派遣された自衛隊員についてもPTSDの心配があるだろうと思うのです。

戦地に送られ、実際に殺されなくても、精神的に病んで帰ってくる人が出てきたときに、どういうふうにケアできるのかは大きな問題だし、そういう若者が増えることは社会にとっても損失です。自衛隊の任務を拡大するならば、この点も考えなければならないと思います。

伊藤　第1章でも紹介しましたが、『帰還兵はなぜ自殺するのか』（デイヴィッド・フィンケル著／

古屋美登里訳、亜紀書房、2015年）というアメリカの本を読むと、本当に大変です。人を殺すマシンにすることはできるけれど、真人間に戻すプログラムがいまだ開発されていない。兵士は戦地から戻ってきて本当に苦しむわけです。

布施　これまでのように「専守防衛」で、日本が万が一、外国から侵略されたときに日本と日本国民を守るために、場合によっては敵を殺すということと、日本が攻められてもいないのに日米同盟のために海外に出ていって、外国の人たちを殺さなければいけないということでは、まったく意味合いが違ってきます。

たとえば、米兵がイラクやアフガニスタンで市民に向かって引き金を引くためには、実戦的な訓練を繰り返すだけでなく、相手が自分と同じ人間ではない、殺しても構わない奴らなんだと思い込ませないと、市民に向かって引き金は引けないと言います。戦時中の日本が「鬼畜米英」と呼んでいたように、相手を蔑称で呼ぶのです。そうやって頭の中を切り換えないと、海外の市街地で関係のない市民がたくさんいる中でも躊躇《ちゅうちょ》せず引き金を引くというのは難しい。そういうことをこれから自衛隊もやるようになる可能性があります。そんな自衛隊にはなってほしくない。

神原　映画『7月4日に生まれて』の中でもうひとつ重要なシーンは、誤射で村人を殺してしまうところです。主人公ロンは、半身不随になってしまっただけでなく、正義のためにベトナムに戦いに行ったにもかかわらず、行ってみたら、無辜《むこ》の村人を殺してしまった。それが最後までずっと心の傷になっていくのです。

こうした話はベトナム戦争でもイラク戦争でもたくさん聞かれていて、大義のある戦争があるかどうかの問題はあるとはいえ、明らかに大義のない戦争に加担させられたときの若い兵士の心の壊れ方のひどさがあります。逆に無感覚になれば適応できてしまうから、たとえばイラク戦争ではアブグレイブ刑務所で、若い兵士が捕虜に対してひどい虐待をやったりする。

伊藤　従軍経験のある元軍人たちを中心に組織している「ヴェテランズ・フォー・ピース（Veterans for Peace）」というアメリカの平和団体がありますが、米兵だった方々が、テロリストを殲滅するためにアフガニスタンやイラクに行ったけれど、実は自分たちこそがテロリストだったということをお話しされますよね。大義があると思って行ったが、そうではなかったと気づいてしまったときの苦痛。それは一生ついてまわることになる。大変なことです。

布施　大義がなかったことに気づいたときの自責の念もそうですし、もうひとつは、国家の命令で命を張って任務に当たったのに、国民に理解されていないことへのやるせなさもあると思います。僕が自衛官からよく聞くのは、憲法に書いてあるかどうかという形式上のことよりも、一番大事なのは国民の支持があるかどうかだという話です。自衛官の服務の宣誓には「事に臨んでは危険を顧みず、身をもつて責務の完遂に務め、もつて国民の負託にこたえる」とあります。自衛官が命がけの任務に当たるのは国民の負託にこたえるためなのに、国民がその任務を支持していなかったら、いったい何のために命をかけなければならないのか、ということになります。

さらにもうひとつ、憲法に書くかどうかと関係なく、現実に自分たちは大事にされていないということう話もよく聞きます。今年は猛暑でしたが、部屋にエアコンがないとか、人が足りないのに任務ばかり増やされて疲弊しているとか、ＰＫＯで紛争地に派遣される隊員の救急救命セットがきわめて貧弱であるとか、自衛隊員を大切にするというならば、憲法云々の前に、そういうところをまず改善してほしいという声も聞きました。一方で、米軍は「思いやり予算」でエアコンつけっぱなしですから、これを何とかしてほしいというのは当然の声だと思います。

■民主主義を非民主的なもので守るのか？

神原　憲法に自衛隊を書きこんで、日本はやはり軍隊によって守るのだというところに最終的に行き着いたとき、日本社会の性質は根本から変わってしまうだろうと思います。

第2章で憲法学者の小林直樹教授の論文「憲法九条の政策論」（1975年）を紹介しましたが、その最後のほうに、本当に可能かどうかは別として、デモやストライキなど、非暴力による抵抗で日本を守るのだと出てきます。非暴力による抵抗は若くても年をとっていても誰でもできるし、自発的に民主的にできると、小林先生は言います。つまり国防とは何を守るのかというと、国の体制、現在の日本なら民主主義を守ることだ。民主主義を守る方法は、民主的でなければいけないのではないか、という趣旨のことをおっしゃっています。

私はその通りだと思いました。民主主義を守るために軍隊を使う。軍隊とは何かを考えると、非常に強制的であり、暴力的かつ差別的、そして内部は非民主的な上意下達です。民主主義を守ろうとするときに、民主的でない軍隊を用いると、最終的には民主主義のほうも、軍隊の考え方に浸食されていくのではないでしょうか。小林先生はそこまではっきりとは書いてないけれども、私はそう思いますね。

ここ数年、国会前や官邸前でのデモなどに参加していて感じますが、やはり集会やデモ、ストライキというのは本質的に民主的です。それを押しつぶすものが軍隊なのではないか。韓国の光州事件をテーマにした映画などを見ても、軍隊というのは究極的には市民にさえも銃口を向けるものなのです。自衛隊がそうだとはもちろん言いません。しかし、軍隊のそういう本質を忘れてはいけないと思っています。そう考えると、日本は軍事力によって守るのだと決めてしまうことの恐ろしさをすごく感じます。

伊藤　軍隊は市民社会とはまったく相いれない性質のものであることは、知っておかなければならないと思います。軍事の世界は、暴力・力が至上、支配・服従の関係、一人ひとりの個人よりも組織を重視するものであって、市民社会とはまったく異質です。市民社会の自由で自律的な個人を守るために、非民主的かつ暴力的で、そして支配・服従の組織が存在する。これはもともと自己矛盾だが、その上でどう折り合いをつけるかを各国が苦心しているわけです。

第二次世界大戦で、日本はナチスドイツと同様、全体主義を突き進み失敗しました。戦後、ドイツは軍隊を民主化するほうを選びます。市民が軍服を着ているだけだという前提で、軍人に不服従の権利を与え、軍隊の中であっても、違法な上官の命令を拒否できることとしました。そして徴兵制についても良心的徴兵拒否を認めていました。ドイツはとにかく軍隊を民主化しようと苦労してきたのです。

これに対して日本は、そもそも軍事組織を持たないという選択をしました。その後自衛隊ができたけれど、正規の軍隊とは違って、戦わない組織であるところに存在意義があるという、ちょっと変わった組織のあり方になっています。軍法もなければ軍法会議もないので、敵前逃亡しても死刑にならず、支配・服従的なものもなく、国家公務員法が適用されるだけです。公務員としての人権の制約は一定ありますが、それは他の行政職公務員と異なりません。あえて市民社会と矛盾する軍隊なるものを避けようとしたのです。

自衛隊を憲法に明記することは、軍事的なものを真正面から認めることです。その行き着くところは、アメリカと同じ軍隊として、国防の名目で軍法や軍法会議のようなものもできて、自衛隊は他の行政組織とは性質が違うものだから、人権は適用されないというのが当たり前になっていく。それはきっと市民社会にも大きな影響を与えるはずです。

日本は自衛隊をつくったときに、あえて普通ではない変わった組織にしました。そこに日本らしさがありました。9条改憲は、自衛隊を正規の軍隊にする第一歩になりかねません。

■等身大の安全保障

布施　9条改憲について、安倍首相は自衛官の地位のことしか話していませんが、戦争状態や敵対状態がつづいてきたアジアのこれまでの冷戦構造が大きく動くかもしれないという、この時点であえて日本が9条を変えることの国際的な影響を議論しなくてはいけないと思います。

伊藤　世界の流れにまったく逆行しますね。

布施　同時に、韓国にしろ、中国にしろ、まわりの国は正規の軍隊を持っているわけで、なぜ日本だけが軍隊を持ってはいけないのかという意見もきっと出てくるでしょうが、日本には歴史的な経過があることもまた踏まえる必要があります。

神原　それに、どこの国であっても、軍事力によって何かが解決できると考える時代は終わっています。日本政府も認めているとおり、国と国との戦争はほぼありえないという時代に、たとえば中国がなぜ軍備を拡張するのかといえば、資源確保というような覇権主義的な側面があるにしても、基本的には国民の不満のはけ口をそこに見出しているのだろうと思います。日本がそれをまねする必要はありません。われわれは一度痛い目に遭っているじゃないですか。

伊藤　「戦う」という言葉を私は使いたくないけれど、仮にもし中国と戦ったり競ったりするのであれば、同じ土俵に立つべきではありません。国土の面積や人口、経済規模を考えたら結末は明らかなはずで、先ほどのソフトパワーのように、別の場面、別のゲームを設定していくのが勝つための重要な戦略です。

布施　いまの日本に一番合っている等身大の安全保障は、安倍政権がやっているような日米同盟で中国に軍事的に対抗するやり方ではなく、世界の主流になっている地域の多国間安全保障体制をつくることです。アメリカと中国の覇権争いに加われば、日本は防衛費増額のしわ寄せで教育費や社会保障がどんどん削られ、格差と貧困の拡大で社会は不安定化し、かえって国力が損なわれていくという、元も子もない方向に行きかねません。アメリカと一緒に中国に対抗するのではなく、アメリカも中国も一緒に地域の平和と安定を守っていく集団安全保障のメカニズムを構築する方が、軍事費を抑制でき、日本の国益に沿うはずです。

伊藤　まさにそれが国連憲章が定めた安全保障体制の基本でもあります。そして国連憲章をさらに推し進めた日本国憲法は、一国で安全を図ることはできないから、「平和を愛する諸国民の公正と信義に信頼して」、日本の生存と安全を保持しようと決意したのです。他力本願ではけっしてなく、集団安全保障の枠組みをつくることが、実はもっとも現実的な安全保障だと70年前に気づいたのです。憲法は前文にそれを記し、9条で戦争の手段を完全に放棄しました。

9条改憲は、日本社会の国柄や雰囲気を根本から変えてしまう恐れがあると同時に、世界中の平和を望む人々の光を奪うことでもあります。「国際社会において、名誉ある地位を占めたいと思ふ」と前文で掲げている日本の主権者として、世界の流れに逆行する方向での改憲は残念でなりません。

本来、日本は世界の平和構築に貢献できるポテンシャルを持っています。私たち主権者がどういう日本を選択するのか、将来の世代に対する責任、また国際社会に対する責任が問われています。

おわりに

■護憲的改憲論への応答として

本書の企画は、私（神原）のフェイスブックでの書き込みを見た大月書店の森幸子さんからの呼びかけを契機に始まりました。

私の書き込みは、次のような内容でした。

「最近は護憲派の中にも『専守防衛』を支持し、安倍改憲の争点は『集団的自衛権の是非』に絞るべきだとする主張が見られる。（中略）仮に、政策として『専守防衛』が正しいのであれば、それを憲法に明示せよという『護憲的改憲論』は間違ってはいない。したがって、護憲派も『専守防衛』を認めるのであれば、『9条堅持』の立場を捨てて『護憲的改憲論』に鞍替《くらが》えし、9条を改正して自衛隊を認めるべきと立場に与するべきだという意見には、相当な説得力がある。」

ここに言う「護憲的改憲論」などと呼ばれる潮流が有力になり始めたのが、最近のひとつの傾向と言えるでしょうか。近時では、さらに「立憲的改憲論」という主張も現れました。この主張によれば、「専守防衛」を憲法に明記することにより、立憲主義が強化されるというのです。私は、これらの考え方には十分な説得力があると思いました。

それでも、ちょっと待てよ、というのが、この本の提起です。

なるほど、今の政府は、海外派兵という方向へ止めどなく暴走しており、なんとか止めないといけません。しかし、その歯止めとして持ってきた「専守防衛」なる考え方は、本当に、それほど堅固なものなのでしょうか。多くの人が「なんとなくそんなものか」と納得しているだけで、実は非常に曖昧で、もしかしたら危険なものではないでしょうか。

また、こうも考えました。多くの人は、軍隊を持たないという憲法の思想は「非現実的だ」と言います。しかし、逆に「軍隊で国を守ることができる」という考え方は、本当に「現実的」なのでしょうか。多くの人が「現実的だ」と固く信じているだけであって、実は非常に危うい、危険な賭けのようなものなのではないでしょうか。

私たちは、2011年の福島原発事故を経験しました。事故前、一部の専門家を除き、原発は安全であると誰もが固く信じていたのです。しかし、世の中には、「多くの人々の期待を裏切る事態」というものは発生しえます。私たちは、そのことを、原発事故を通じて嫌というほど学びました。同じように、私たちが「軍隊で国を守ることができる」と固く信じていたとしても、「多くの人々の期待を裏切る事態」が発生しないとは言い切れないのではないでしょうか。

森さんは、私の素朴な疑問を受け取ってくださり、布施祐仁さんを加えて、本書を企画してくださいました。さらに、伊藤真先生が呼びかけに応じてくださり、本書の企画が形になったのです。

■第三世代への伝言として

今回の企画の面白さは、伊藤先生、私（神原）、布施さんの3人は、それぞれ約10歳違いだということです。本書第4章の鼎談で、伊藤先生が冷戦時代の話をされました。冷戦の崩壊がきっかけとなり、伊藤先生は「何事も変わらないことはない」ことを知ったと言います。私も冷戦崩壊の経験を話すと、布施さんから「自分は冷戦時代を知らない」という発言がありました。

戦争と平和の問題について、どのようなスタンスを取るかは、その人がいつの時代に生まれ、どのような国に育ち、どのような経験を積んできたかに左右されるかもしれません。私が最初にデモに参加したのは1992年のPKO法の時でした。今の若い方たちは、2015年の安保法反対デモが最初のデモかもしれません。


こうも言えるでしょう。

仮に、第二次世界大戦終結（1945年）を経験した世代を戦後第一世代とすれば、冷戦崩壊（1989年）を経験した世代は、戦後第二世代となるでしょう。冷戦終結は世界大戦終結と同様のインパクトを持った出来事ですから、戦後の世代をそこで区切ることは可能だと思います。

そうすると、冷戦を知らない世代は戦後第三世代となるでしょう。2015年の安保法反対デモを最初のデモとして経験したこの世代は、どんな思想をもって社会をつくっていくのでしょうか。私たち第二世代に属する人々は、第三世代に属する若い方々に何を伝えるべきなのでしょうか。

私たち第二世代に属する者たちは、第一世代の方々から貴重な示唆を受け、その影響を受けながら自己を形成していったと思います。その「貴重な示唆」の最たるものが、憲法9条であり、それに基づく思想です。第一世代に属する方々は、小林直樹先生の例にあるように、戦争で家族や友人を失い、その体験からその思想を形成されたのです。第一世代の思想とは、先の大戦でなくなった方々に対する思いも込めた貴重なものなのです。私たち第二世代は、これを伝言として、上手く第三世代の方々に伝えることができるでしょうか。私は、そんな思いに駆られながら、本書第2章を書きました。

＊　＊

最後になりますが、本書を発案し、企画・編集した大月書店の森幸子さんと、今回の企画を通じて多くをご教示いただいた伊藤真先生、布施祐仁さんに感謝を申し上げます。そして、健やかに育っている2人の娘とパートナーに、この場を借りて感謝を致します。

同じ森さんの企画による前著『ヘイトスピーチに抗する人びと』（新日本出版社、2014年）発刊当時1歳だった上の娘は、妹や友達に気配りを示すことができる歳まで成長することができました。娘たちが育つ将来の日本が、戦争がなく、平和で、偏見や差別のない社会であることを祈念しつつ、筆を擱くことと致します。

２０１８年10月

神原 元

著者
伊藤 真（いとう・まこと）
1958年生まれ。弁護士、伊藤塾塾長、日弁連憲法問題対策本部副本部長。著書に『やっぱり九条が戦争を止めていた』（毎日新聞社、2014年）、『増補版 赤ペンチェック 自民党憲法改正草案』（大月書店、2016年）ほか多数。

神原 元（かんばら・はじめ）
1967年神奈川県生まれ。弁護士。自由法曹団常任幹事。
著書に『NOヘイト!――出版の製造者責任を考える』（共著、ころから、2014年）、『ヘイト・スピーチに抗する人びと』（新日本出版社、2014年）。

布施祐仁（ふせ・ゆうじん）
1976年生まれ。ジャーナリスト、「平和新聞」編集長。
著書に『経済的徴兵制』（集英社新書、2015年）、『主権なき平和国家』（共著、集英社クリエイティブ、2017年）、『日報隠蔽』（共著、集英社、2018年）ほか。

装丁　宮川和夫事務所
DTP　編集工房一生社

9条《じょう》の挑戦《ちょうせん》――非軍事《ひぐんじ》中立戦略《ちゅうりつせんりゃく》のリアリズム

2018年11月15日　第1刷発行

定価はカバーに表示してあります

著　者　伊藤　真
　　　　神原　元
　　　　布施祐仁
発行者　中川　進

〒113-0033　東京都文京区本郷2-27-16
発行所　株式会社　大月書店
印刷　太平印刷社
製本　中永製本
電話（代表）03-3813-4651　FAX 03-3813-4656　振替00130-7-16387
http://www.otsukishoten.co.jp/

ISBN978-4-272-21119-7　C0031　Printed in Japan